Es wird ja weltweit viel gescheitert. Gucken Sie sich die Nachrichten an, schauen Sie sich um, blicken Sie kurz in den Spiegel. Sehen Sie? Überall wird deutlich mehr gescheitert als gesiegt. Außerdem: Übers Gewinnen schreiben Leute wie Carsten Maschmeyer, und da will man ja wohl automatisch lieber das Gegenteil.

Und: Es ist das Thema, mit dem ich mich am besten auskenne. Scheitern kann man eigentlich immer und überall. Es ist ein günstiges Hobby für die ganze Familie, und ich als Scheidungskind weiß, wovon ich rede.

Aber keine Angst. Dies ist kein deprimierendes Buch. Im Gegenteil. Selbst wenn Sie eigentlich die ›Buddenbrooks‹ oder Frank Schätzing, ›Ulysses‹ oder das letzte Werk von Richard David Precht lesen wollten, aber stattdessen jetzt dieses Buch in der Hand haben, weil es dünner, billiger und lustiger ist, ist es genau das richtige.

Dies ist ein Buch für all die, die sich schon einmal entschlossen an ihren Computer gesetzt haben, um zum Beispiel ihre Diplomarbeit zu Ende zu schreiben, und dann vier Stunden lang bei YouTube-Videos von Haushaltsunfällen, Katzenkindern und romantischen Heiratsanträgen hängen geblieben sind. Für alle, die sich jedes Jahr drei Tage vor dem Urlaub erfolglos in ihre Bikinifigur hungern wollen, alle, die eigentlich große Pläne für ihr Leben hatten und jetzt plötzlich eine Einbauküche abbezahlen und alle, die das Gefühl haben, es fehlt ein Tag zwischen Sonntag und Montag: ein Tag, an dem man endlich mal alles erledigen könnte ...

Katrin Bauerfeind moderierte das erste ruckelfreie deutsche Internetfernsehen »Ehrensenf«, ausgezeichnet mit mehreren Grimme-Online-Awards. Harald Schmidt verpflichtete sie daraufhin als Teilzeitfrau in seiner ARD-Show. Seit Jahren sendet sie außerdem aus der Kulturnische 3sat, wo sie aktuell in »Bauerfeind assistiert ...« Prominente portraitiert. Mittlerweile tauscht sie immer öfter die Fernseh- gegen die Filmkamera. Katrin Bauerfeind spielte unter anderem an der Seite von Olli Dittrich, Mišel Matičević und Martina Gedeck, in der neuen ARD-Reihe »Borcherts Fall« übernimmt sie die weibliche Hauptrolle. Unter dem Titel ›Mir fehlt ein Tag zwischen Sonntag und Montag‹ wurden ihre ›Geschichten vom schönen Scheitern‹ zum Bestseller. Mit dem gleichnamigen Programm tourte sie – dem Untertitel zum Trotz – erfolgreich in der gesamten Republik.

Weitere Informationen, auch zu E-Book-Ausgaben, finden Sie bei *www.fischerverlage.de*

Katrin Bauerfeind

Mir fehlt ein Tag zwischen Sonntag und Montag

Geschichten
vom schönen Scheitern

FISCHER Taschenbuch

Erschienen bei FISCHER Taschenbuch
Frankfurt am Main, August 2015

© S. Fischer Verlag GmbH, Frankfurt am Main 2015
Satz: Fotosatz Amann, Memmingen
Druck und Bindung: CPI books GmbH, Leck
Printed in Germany
ISBN 978-3-596-19456-8

Inhalt

01 Gegen offene Türen rennen –
    Ein Geleitwort von mir selbst 8
02 Scheitern an Warnhinweisen:
    Auf eine Zigarette mit Albert Camus 10
03 Ich fahr' lässig
    oder Scheitern am Individualismus ... 16
04 Drei Bier mit dem Vater von Helmut
    oder Kein Tattoo, kein Piercing, nichts 21
05 Dialekt der Aufklärung
    oder Ich in New York
    (zwischen Stuttgart und Ulm) 25
06 Die Anti-Hochzeit 28
07 Ich geh als Stecknadel –
    Scheitern am Heiraten 32
08 Scheitern am Sport ...
    ... ideal für Einsteiger! 37
09 Bio und Rhythmus
    oder Scheitern an Weckern 43
10 Katrin Bauerfeinds gesammelte Macken 48
11 Rückwärts und rumpelig 56
12 Der trojanische Kerzenständer
    oder Scheitern am Wegwerfen 59
13 Der Dominostein-Effekt
    oder Scheitern am Erledigen 67

14 Die zitternde Seele von Frau Bauerfeind
oder Vom Scheitern mit Schamanen 70
15 Intensive Stationen
oder Fernsehen ist jetzt Blumenkohl 75
16 Der 3sat-Kreisverkehr 78
17 Blasenschwach und ungeschminkt
oder Scheitern mit Promistatus 82
18 Diagramme und Torten
oder Scheitern an Marktforschung 89
19 Fast die schönste Frau der Welt –
Über zweifelhafte Erfolge 93
20 Feminismus und andere Zwischenüberschriften 96
21 Dann las ich von Olivenöl …
oder Wie man an Schönheitsidealen scheitert 103
22 Drei Sambuca oder Scheitern im Sexshop 109
23 Im Bett mit Béla Réthy
oder Wie schlecht ist Sex? 115
24 Fleckenteufel
oder Fassung bewahren, Fassung verlieren 120
25 Wie ein Sprung vom Zehnmeterbrett
oder Ich kann nicht nein sagen 126
26 Leerstand oder Scheitern an Beziehungen 131
27 Die kleine Kneipe am Ende der Liebe 145
28 Bleiben oder gehen? 150
29 Édith Piaf
oder Scheitern an Kurzmitteilungen 151
30 Es gibt kein Sushi … 155
31 Spinat auf der Festplatte
oder Wenn aus Menschen Eltern werden 158
32 Nachts, betrunken und allein oder
12 Dinge, die mit 30 anders sind als mit 20 164
33 Hühnersuppe, Lakritz, Schnabeltasse 168

34	30 mit Trara und Tröte oder Scheitern am Jungbleiben 174
35	And here's to you, Mrs. Robinson oder Die kleinen Fehler unserer Stars 178
36	Das Googeln von Knubbeln oder Scheitern an Selbstdiagnosen 184
37	Ich liebe es 187
38	Ach du lieber Hamster. Scheitern an Gott. 191
39	Auf geht's, dahin geht's, im Himmel gibt's Zigarren 197
40	Jonas 21 202
41	Frau werden – Was uns keiner gesagt hat 207
42	Kaputt – Scheitern am Küssen 212
43	Kinderkriegen – Was uns keiner gesagt hat 214
44	Mein Name ist nicht Bond – Scheitern am Scheitern 217
45	Interview mit mir 221

01
Gegen offene Türen rennen –
Ein Geleitwort von mir selbst

Ich wollte nach langer Zeit mal wieder das Yoga-Programm auf der Wii angehen. Das ist nur eine Spielekonsole und kein Fitnesscenter, aber es ist besser als nichts, und mit der Wii kann ich Yoga unter Anleitung machen, aber alleine. Ich habe es auch schon mit anderen in einem richtigen Yoga-Studio versucht, aber wie soll ich mich beim Yoga entspannen, wenn die Trulla neben mir ihre Matte nicht richtig parallel zu meiner ausrichtet?! Ich hab eine leichte Macke mit geraden Kanten. Ich bin ein Fan von geraden Kanten. Ich scheitere oft an solchen Dingen. Und an anderen Menschen, aber dazu später mehr.

Ich habe mir also Spielekonsolenyoga fest vorgenommen. Ganz fest. Dann muss ich feststellen, dass ich keine Batterien mehr für das blöde Plastikbrett habe, das man bei der Wii fürs Yoga braucht. Ich muss also zum Kiosk um die Ecke, aber vielleicht dann doch nicht in den etwas peinlichen Sportsachen. Ich ziehe mich um und kaufe Batterien, um dann zu merken, dass ich jetzt zwar Batterien habe und das blöde Plastikbrett, aber nicht mehr die Wii selbst. Die hat nämlich mein Ex-Freund in unserer alten Wohnung, was mich daran erinnert, dass ja auch meine Beziehung gescheitert ist ...

Um den Tag nicht kampflos dem Scheitern zu überlassen, gehe ich zum Friseur. Neue Haare sind immer gut. Der Friseur soll mir meine Haare so färben, dass sie aussehen wie die von Blake Lively letztes Jahr. Ein natürliches Kupfer. Ich habe Fotos mitgebracht. Der Friseur sagt, es sei kein Problem. Aber er ist offenbar zu schwul, um nebenbei noch irgendwas anderes zu machen. Eine Ausbildung zum Beispiel. Friseur ist anscheinend mittlerweile so wie Heilpraktiker, Journalist oder Bundespräsident, also offenbar kein Lehrberuf mehr. Jetzt habe ich magentafarbene Haare. Es ist ein ganz normaler Mittwoch, und ich habe magentafarbene Haare. So in etwa ist mein Leben. Eine Abfolge von Fehlschlägen.

Vielleicht finden Sie es übertrieben, daraus ein Drama zu machen oder gar ein Buch. Dann sind Sie vermutlich über vierzig. Ich fürchte, ich bin typisch für meine Generation: so viele Möglichkeiten und am Ende nur das Gefühl, nichts hinzukriegen. Wir haben so viele Chancen und trotzdem meist das Gefühl zu scheitern. Wir haben mehr offene Türen als ein Adventskalender, aber am Ende eben magentafarbene Haare ...

02
Scheitern an Warnhinweisen:
Auf eine Zigarette mit Albert Camus

Ich rauche. Seit ich fünfzehn bin, rauche ich. Wir reden hier nicht von der Gelegenheitszigarette zu einem »schönen Glas Wein«, wir reden nicht von der Zigarette mit Freunden, wir reden nicht von der Zigarette danach. Wir reden bei mir eher von der Zigarette dabei. Währenddessen.

Ich habe ein echtes Nikotinproblem, wenn das mit dem Sex zu lange dauert. Ich bin die Marlboro-Frau, nur ohne den Hut, die Kühe, die Landschaft, die Freiheit und die Abenteuer. Ich rauche einfach. Würde ich fürs Rauchen bezahlt, hätte ich mehr Geld als Heidi Klum vor der Scheidung. Vom Nikotinpegel würde ich besser zu Helmut Schmidt passen als Sandra Maischberger. Vielleicht ist in meiner oralen Phase was schiefgelaufen, vielleicht hat meine Mutter mich nicht lange genug gestillt. Fakt ist: Ich rauche. Viele von Ihnen werden das unsympathisch finden. Das ist die normale Reaktion von Nichtrauchern. Ich erwarte auch keinen Applaus und keine Zustimmung, muss aber sagen, dass ich dieses Unentspannte in der Diskussion um den blauen Dunst nicht verstehe.

Rauchen ist gefährlich, keine Frage. Die meisten Raucher werden früher oder später sterben. Aber auf der anderen Seite hat eine Tante von mir beim Kniffeln mal einen halben Dreierpasch verschluckt und wäre daran fast erstickt. (Die ganze Geschichte würde hier zu weit führen, aber es ging darum, dass sie behauptet hatte, man könne auch mit dem Mund würfeln.) Meiner besten Freundin in der Grundschule ist beim Seilchenspringen die Achillessehne gerissen, und ein Kollege ist neulich im Fitnesscenter über eine Hantel gestolpert und gegen einen Crosstrainer geprallt. Auch das gesunde Leben hat also seine Risiken.

Man wird dafür bewundert, wenn man sich für Red Bull aus zig Kilometern mit einem Fallschirm auf die Erde stürzt, in einem Formel-1-Auto mit 800 PS Woche für Woche im Kreis fährt oder ohne Sauerstoff den Mount Everest besteigt. All das sind Tätigkeiten, die unstrittig genauso sinnlos und gefährlich sind wie Rauchen. Aber nur Zigaretten haben dieses schlechte Image.

Bevor Sie mich also wegen des Rauchens verurteilen, bedenken Sie bitte, dass ich ja auch ganz viele Sachen *nicht* tue, die meine Umwelt ebenfalls gefährden könnten. Ich habe keine Waffen und keine Kinder, ich habe keine ansteckenden übertragbaren Krankheiten, und ich war nie beim Promi-Dinner oder bei *Beckmann*.

Natürlich hab ich schon ein paarmal versucht aufzuhören, aber ich scheitere jedes Mal und mittlerweile auch ganz gerne. Scheitern am Nichtrauchen ist der Einstieg ins schöner Scheitern.

Romy Schneider und Marlene Dietrich haben geraucht, Mutter Beimer nicht, Audrey Hepburn und Brigitte Bardot haben geraucht, Kristina Schröder nicht, Bette Davis hat mehr geraucht als der Ätna, Veronica Ferres war dagegen

2001 »Nichtraucherin des Jahres«. Von Hitler wollen wir gar nicht erst reden. Der war nicht nur Nichtraucher, sondern auch Vegetarier. Sie verstehen, worauf ich hinauswill?

Die Warnhinweise auf den Zigarettenpackungen sollen nach dem Willen der EU demnächst noch größer und drastischer werden. Ich finde das unhöflich. Man klebt auch keine Bilder einer ängstlichen Kuh auf ein halbes Pfund Hackfleisch. Man zeigt uns bei IKEA nicht die Paare, die sich im Bettenmodell »Lillebror« nachhaltig zerstritten haben, und auf einer Packung Fritten bei McDonald's ist kein Bild von Reiner Calmund. Warum muss ich mir also ausgerechnet bei Zigaretten diese Ermahnung gefallen lassen?

Demnächst darf man in der Öffentlichkeit gar nicht mehr rauchen. Mir gefällt das nicht. Ich finde, wenn man das Haus verlässt und sich damit in die Öffentlichkeit begibt, muss man damit rechnen, dort Dinge zu erleben, die einem nicht gefallen. Das ist nicht nur das Risiko von Öffentlichkeit, das ist auch der Sinn. Sonst erlebt man gar nichts Neues mehr und bleibt nur unter sich. Wohin das führt, kann man am englischen Königshaus sehen. Man nennt es Inzest, und es sieht aus wie Prinz Charles.

Ich bin privat zum Beispiel gegen große Kopfhörer auf Leuten, die am Verkehr teilnehmen, ich finde Strass an Sachen, die man anzieht, fragwürdig, und ich bin gegen japanische Touristengruppen. Ohne Grund. Aber ich finde, ich muss in einem Café damit leben, dass bestrasste Japaner am Nachbartisch große Kopfhörer tragen. Vielleicht ist in der Gruppe sogar zufällig jemand, der mir erklärt, was es mit Mangas auf sich hat oder mit diesen Automaten, an denen man in Japan getragene Mädchenunterwäsche kaufen kann. Soll heißen, Risiken bergen immer auch Chancen. Wenn Öffentlichkeit nur noch dazu da ist, mich vor allem, was anders ist, abzuschirmen und der Staat nur noch dafür sorgt, mich vor Belästigungen durch andere zu schützen, dann läuft irgendwas schief. Und mit dem Rauchen fängt es an. Dabei, finde ich, ist Rauchen ein Grundrecht.

Seit Anbeginn der Zeit haben die Menschen versucht, dem Leben, dem Alltag zu entkommen. Die ersten Menschen haben sich vielleicht einfach nur im Kreis gedreht, bis ihnen schwindelig war. Aber ich bin sicher, sobald das Feuer entdeckt war, wurde auch geraucht. Ich fand die hochgelobte amerikanische Serie *Mad Men* weitgehend langweilig. Die Serie zeigt allerdings, dass früher wirklich einiges besser war: Da rauchte der Frauenarzt auch bei der Schwangerschaftsuntersuchung und bot nebenbei der werdenden Mutter noch Feuer an.

Klar, wir wollen alle steinalt werden und gesund bleiben und Spaß haben bis ins hohe Alter, aber das sind ja drei Wünsche auf einmal, und seit der Überraschungsei-Werbung wissen wir, dass das nun wirklich nicht geht. Wir können alt und gesund werden, haben dann aber keinen Spaß mehr, oder wir haben Spaß, werden dann aber nicht alt.

Ich sage nicht, dass man ohne Zigaretten keinen Spaß haben kann. Ich habe nur das Gefühl, dass es bei Zigaretten nicht aufhört. Es wird aktuell diskutiert, ob man jungen Mädchen Ohrlöcher stechen darf oder ob das schon Körperverletzung ist, es wird über eine Helmpflicht für Fahrradfahrer nachgedacht, Alkohol soll teurer werden, wir sollen weniger Zucker essen und mehr Sport machen. Die Optimierung geht immer weiter. Wir sollen immer gesünder werden und besser, aber keiner erklärt einem, wozu.

Was ist der Sinn? Es ist wie mit den Fernsehern. Die werden auch immer besser, schärfer, größer und smarter. Aber was nutzt das, wenn auf diesen Topgeräten am Ende doch nur *Berlin Tag und Nacht* läuft? Was nutzt das geilste Smartphone, wenn wir es nur nutzen, um zu fragen: »Boah, is bei dir auch so langweilig?«

Wir alle werden immer besser, schärfer und smarter. Gerade in meiner Generation hat jeder neun Zusatzausbildungen, sechzehn Praktika, Auslandserfahrung und Computerkenntnisse. Aber was nützt das, wenn man am Ende doch nur eine halbe Stelle an der Uni hat, in der Firma von Onkel Klaus arbeitet oder dort kellnern muss, wo andere brunchen?

Apropos: Das Rauchverbot in Restaurants dient ja auch dazu, die Gesundheit des Personals zu schützen. Wobei erstens viele Restaurants davon profitieren würden, wenn man sich vor dem Essen noch die Geschmacksknospen betäuben könnte, und zweitens dem Personal vermutlich mit einer Erhöhung des Stundenlohns deutlich mehr geholfen wäre.

Ich weiß, dass Rauchen auch meine Gesundheit gefährdet. Man sagt, jede Zigarette nimmt einem drei Minuten des Lebens. Vielleicht sind es allerdings genau die drei Minuten, in denen einem der Arzt am Ende erklärt, dass man nicht mehr lange zu leben hat. Wenn die wegfallen, bin ich nicht böse. Ich möchte ja auch nicht wissen, wie viele Minuten ich schon sinnlos vor roten Ampeln verplempert habe oder in Kassenschlangen hinter Menschen, die nach passendem Kleingeld gesucht haben, oder in Gesprächen mit Redakteuren, die mir erklärt haben, wie Fernsehen geht, oder in Gesprächen mit Männern, die mir erklärt haben, wie die Liebe geht. Mit anderen Worten: Das Leben besteht aus vielen Minuten verplemperter Zeit. In dieser Zeit kann man auch rauchen.

Stellen Sie sich vor, Sie haben sich gerade lange und qualvoll das Rauchen abgewöhnt und stehen jetzt stolz auf dem Deck der Titanic. Und dann kommt der Eisberg. Da werden Sie sich schön ärgern, die Kippen über Bord geworfen zu haben. Oder, um noch mal Camus zu zitieren: »Dagegen verstand ich den Freund, der es sich in den Kopf gesetzt hatte, nicht mehr zu rauchen, und dem dies kraft seines Willens auch gelungen war. Eines Morgens schlug er die Zeitung auf, las, dass die erste Wasserstoffbombe zur Explosion gebracht worden war, erfuhr von ihrer großartigen Wirkung und begab sich stracks in den nächsten Tabakladen.« Camus war Franzose, Philosoph und großer Raucher. Gestorben ist er bei einem Autounfall. Als Beifahrer.

Rauchen ist eine Art qualmende Meditation. Man tut etwas und gleichzeitig nichts. Es ist ein in dünnes Papier gewickelter Kurzurlaub. Gemütlichkeit ohne Qualm ist ähnlich sinnlos wie alkoholfreier Whiskey. Humphrey Bogart in Casablanca mit einem Nikotinpflaster statt einer Zigarette wäre schon deutlich uncooler.

Das Rauchen unterscheidet uns vom Tier. Und das ist nicht von Helmut Schmidt oder Camus oder so. Das ist von mir. (Bitte keinen Applaus – ernstes Thema.)

03
Ich fahr' lässig
oder
Scheitern am Individualismus ...

Wenn man jung ist, hält man sich für wahnsinnig individuell. Zumindest ist man nicht Mainstream. Man wäre den Großteil der Zeit jedenfalls gerne besonders. Rückblickend sieht man später, man war wie alle anderen, die auch plötzlich einen Hut aufhatten, einen Bowler-Hat vielleicht sogar, wie die, die einen Bart trugen oder überlange T-Shirts. Am Ende landen wir alle bei IKEA und kaufen die Bücher, die andere Kunden, die dieses Buch kauften, auch kauften. Individuell ist anstrengend. Je individueller man sein will, desto dünner wird die Luft.

Pinke Haare zum Beispiel sind nur so lange individuell, solange man relativ alleine pink ist. Selbst orangefarbene Strumpfhosen – und die sehen echt beknackt aus – wurden schon an zu vielen Frauen gesehen, als dass man das noch für besonders halten könnte. Besonders beknackt vielleicht, ja, aber mehr eben nicht. Selbst bei Punks hab ich noch keinen Irokesen gesehen, der quer über den Kopf liefe. Nur längs.

Individualität hat eben Grenzen und ihren Preis. Mein Stil wurde lange Zeit mustergültig von einer Freundin so zusammengefasst: »Ich kenne niemanden, der so wenig mit seinen Klamotten ausdrücken möchte wie du.«

Ich habe das für ein Kompliment gehalten. Ich kam nicht auf die Idee, das langweilig zu finden. Erholsam, dachte ich, dass es auch Menschen gibt, die einem mit Anziehsachen nichts sagen wollen, sondern einfach nur was anhaben. Und gut, dass ich zu diesen Menschen gehöre. Der Individualitätswahn geht mir ehrlich gesagt bis heute ziemlich auf den Nerv. Das spektakulärste Kleid auf dem roten Teppich? Wofür? Für ein Bild in der Gala? Björk kann, darf und muss einen toten Schwan als Kleid tragen und Lady Gaga eine Bluse aus Schnitzel. Die heißen ja beide schon so. Aber Nadine, Maike und Katrin sollten sich eben auch so anziehen wie Nadine, Maike und Katrin.

Manchmal allerdings denkt man, dass man jetzt echt mal aus der Tiefe seines Herzens heraus eine Idee hat, die sonst niemand hat.

Bei mir war es ein VW-Bus. Ja, es klingt total lächerlich, aber ich schwöre, ich dachte damals, ich sei die Einzige, die Erste oder irgendwas dazwischen. Inspiriert von einer Fernsehreportage, bei der ich drei Wochen durch den Balkan reisen durfte, mit eben genau so einem Bulli, stieg ich also mit einer 5000-Euro-Investition ins Bulli-Geschäft ein. Frankreich. Küste. Meer. Lagerfeuer. Gitarre. Offene Tür. Schlafen unter freiem Himmel. Gauloises rauchen und den Slogan leben: Liberté toujours! Freiheit is just another word for nothing left Toulouse. So wird's gemacht. Frankreich, ich komme!

Spontan kaufte ich also den Bus, wobei spontan in meinem Fall meistens auch fahrlässig heißt. Ich hörte nur halbherzig zu, als man mir erklärte, wie man den Bus betankt, begast und befüllt, würde ich doch im Leben nie brauchen oder ohnehin bis Frankreich wieder vergessen haben. Ich packte mein Zeug in den Wagen und fuhr los.

Mein Bulli, der gar kein Bulli war, sondern nur ein T3, war wunderschön. Dunkelblau, in der Mitte mit einem hellblauen Streifen und einem weißen Hochdach. Er hatte nur vier Gänge, an die 60 PS, keine Servo, keinen Airbag, nicht mal Radio, und war Baujahr 1983. Er war in einem Topzustand, was bei so einem alten Bus heißt, dass die wichtigsten Teile noch nicht verrostet sind. Das Lenkrad war LKW-groß, und genauso fühlte ich mich auch: wie die queen of the road! Ich sang fröhlich Kinderlieder vor mich hin: Drei Chinesen mit dem Kontrabass, mit allen Vokalen plus Umlaute, »Liebeskummer lohnt sich nicht«, mit allen Strophen – und »Country Roads«.

Als mir zum ersten Mal langweilig wurde, war ich gerade kurz hinter Düren, 20 km von Köln entfernt. Und bis nach Frankreich, bis ans Meer, war es noch weit. Also erst mal eine rauchen, das hilft immer, wenn irgendwas noch sehr lange dauert. Ich hörte spontan im Kopf wieder den Verkäufer: »Ich würde nicht im Bus rauchen, ist 'n bisschen gefährlich mit der ganzen Elektronik und den Gasflaschen!« Es stand plötzlich Liberté toujours gegen Bulli-Verkäufer. Per Schulterblick versuchte ich die Gefahr einzuschätzen. In der Tat waren in dieser Busküche so viele Ritzen und Spalten, von denen ich nicht sagen konnte, was sich darunter verbarg. Mal angenommen, die Kippe flog nicht raus, sondern wieder rein, genau in eine der Ritzen, darunter Gasflaschen, Elektrozeug und was weiß ich, da würde ich hier auf der A3 in meinem neuen Bus in die Luft gehen, bevor ich überhaupt nur in die Nähe von Nordfrankreich gekommen war.

Ich bin risikobereit, aber nicht lebensmüde. Also siegte

der Bulli-Verkäufer, und ich fuhr auf einen Rastplatz, zu meinen Kollegen mit den anderen LKWs – und rauchte. Als ich wieder in den Bus stieg und die Uhrzeit kontrollierte, sah ich, dass ich genau eine Stunde unterwegs war. Entschleunigung, der Weg ist das Ziel, schön und gut, aber wenn ich mich auf das Dach meines Bullis stellte, könnte ich wahrscheinlich noch die Spitzen des Kölner Doms sehen. Zum ersten Mal war ich ein wenig ernüchtert.

Nach meiner Kippenpause, zurück auf dem Highway, kam eine leichte Brise auf, und der Bulli mit seinem Hochdach war sofort auf Schlingerkurs. Ein Glück, dass auf den anderen beiden Spuren nicht viel los war. Es war ungemütlich und anstrengend, und ich merkte, dass ich wirklich keinen einzigen Muskel in den Armen habe. Der Bus fing an, mich gehörig zu nerven. Durch den Wind fuhr ich nicht schneller als 60 km/h. 7,5-Tonner rollten vorbei. Von Liberté toujours waren nur noch die Gauloises übrig. Aber ich konnte ja nicht schon wieder zum Rauchen anhalten, ich hatte schließlich nur eine Woche Zeit, und die wollte ich nicht rauchend auf deutschen Rastplätzen verbringen, sondern am französischen Meer.

Ich wusste nicht, wie ich das Busfahren jemals so romantisch verklären konnte. Diese Balkanreise fürs Fernsehen war doch so toll gewesen! Dann fiel mir wieder ein, dass Fernsehen nicht nur die Zuschauer belügt, sondern erst recht die Macher. Ich bin in den drei Wochen Balkantour nicht ein einziges Mal selbst gefahren, ich saß auf dem Beifahrersitz und quatschte, während jemand von der Produktionsfirma den Bus bis Istanbul juckelte. Wenn ich zu müde zum Quatschen war, klappte irgendjemand von der Produktion die Rückbank um, und ich schlief. Kaffee machen mit Gasherd? Produktion. Essen kochen? Produktion. Das Einzige, was ich auf dieser Reise selbst gemacht habe: Ich saß im Bus. (Und geraucht hab ich auch, ja.)

Die nächste Zigarette warf ich todesmutig aus dem Fenster. Sicherheit und Freiheit schließen sich eben aus. Im Bully genauso wie im restlichen Leben. Konnte schon sein, dass mich hier auf der A3 tatsächlich das Rauchen ins Grab bringen würde, aber fuck it, wie wir im Showbiz sagen. So würde ich es vielleicht sogar in den Express schaffen: »TV-Star explodiert!« (Leute aus dem Fernsehen, die keiner kennt, heißen in der Zeitung immer »TV-Star«.) Okay, spektakulär wär's schon, aber eben auch völlig sinnlos.

Mittlerweile hatte ich 50 Kilometer zurückgelegt, zwei Stunden waren vergangen. Kurzentschlossen telefonierte ich am nächsten Rasthof: »Ähm, was machst du grade so? ... Würd's dir was ausmachen, mir mein Auto an den Rasthof Fernthal zu bringen ...? «

Eine Stunde später saß ich in meinem Auto und fuhr in der angemessenen Reisegeschwindigkeit von 180 km/h Richtung Italien.

Wahrscheinlich hat es einen Grund, dass nach dem T3 andere Modelle gebaut wurden. Bessere, schnellere. Ich bin seitdem nie wieder mit dem Bus gefahren. Ich habe Anteile verkauft und betrachte mich jetzt als stille Teilhaberin de la liberté, während Freunde damit rumreisen und mir von spannenden Urlauben an der Müritz und am Gardasee erzählen.

Der Titel der ersten Zeitschrift, die ich nach diesem Urlaub in die Hand bekam: »Wie wir dieses Jahr Urlaub machen: mit dem VW-Bus!« Ich hab's eingesehen: Individuell ist eben einfach nichts für mich.

04
Drei Bier mit dem Vater von Helmut
oder
Kein Tattoo, kein Piercing, nichts

Es ist so weit. Ich bin meine Mutter geworden.

Ein Mann fragt mich neulich zwischen zwei Bieren: »Hast du ein Tattoo?«, und ich sage: »Nein«. Gegenfrage: »Echt, gar keins?«

So als bestünde die Möglichkeit, dass ich sage: »Warte, stimmt, jetzt wo du noch mal nachhakst, ich hab doch eins. Ich hab mir ein Backgammon-Spiel tätowieren lassen. Das ist irre praktisch, wenn man unterwegs ist, hat man immer was zum Spielen dabei. Und zwar an einer ganz krassen Stelle, wo's nicht jeder sieht! Manchmal nicht mal ich, deswegen hatte ich es grad vergessen. Aber mehr sag ich jetzt nicht.« Das sage ich natürlich nicht, stattdessen nur: »Nee, gar keins.« Und ich sage es stolz. Wenn meine Mutter wüsste, wie stolz ich es sage, wäre sie womöglich noch stolzer. Es ist ein Elend. Es ist, als hätte sie nicht nur einen Krieg gewonnen, sondern die Besiegte bedankt sich auch noch und übernimmt die Kultur der Sieger. Ich bin Deutschland, Mutti ist Amerika.

Was waren Tattoos vor fünfzehn Jahren für ein geiler heißer Shit! Und was waren alle, die eins hatten, geiler heißer Shit. Mit 16 waren Mädchen, die Tattoos und Piercings hatten, cool, unbeschreiblich cool.

Eine Freundin wollte damals auch unbedingt zu den Bemalten gehören und suchte ewig nach einem Motiv. Klar, lebenslänglich, da will man sich schon sicher sein und lieber dreimal mehr nachdenken als einmal zu wenig. Sie turnte grade so im Park in Berlin und schlug ein Rad, guckte mit dem Kopf zwischen den Beinen durch und sah: den Berliner Fernsehturm. Wenn sie heute von diesem Erlebnis berichtet, sagt sie: Und da wusste ich, der ist es!

Also hat sie sich den Fernsehturm fett auf die linke Wadenseite tätowieren lassen. Es ist ein kleiner dicker Fernsehturm, künstlerische Freiheit muss sein. Und der Alex ist bunt ausgemalt: rot, grün, gelb und blau. Um den Fernsehturm herum fliegen Schwalben, aber weil niemand Schwalben malen kann, außer Kindern, hat der Tätowierer die Schwalben gemalt, wie Kinder sie malen. Ein Bögelchen und noch ein Bögelchen. Ich würde sagen, der Mann war nicht unbedingt der Leonardo da Vinci der Tätowierer. Jetzt ist der beschwalbte Fernsehturm immer da, wo Karla ist. Was als leicht ungelenke Liebeserklärung an Berlin irgendwann ganz schön war, entspricht mittlerweile so gar nicht mehr dem State of the Art. Es ist ein bisschen so wie mit den Schulterpolstern der Achtziger: Was damals irre gut war und an Kim Basinger enorm geil aussah, kann man heute beim besten Willen nicht mehr tragen. Auch Karla nicht. Aber Tattoos gehören ja quasi regelrecht zum Körper des anderen, und man sagt ja auch nicht: »Boah, hast du hässliche Füße, lass dir die doch weglasern!« Deswegen habe ich bei Karla ganz vorsichtig nachgefragt, ob sie ihr Tattoo noch schön findet oder eventuell auch schon ein kleines bisschen doof. Ich meine, man muss ja auch wissen, auf welchem Level die Freunde gerade unterwegs sind. Karlas Geschmacksempfinden war aber offenbar auch im Jahr 2013 angekommen, denn sie sagte sofort: »Nee, voll scheiße ist das, das nervt mich total!« – »Aber war das nicht schon vor 15 Jahren klar, dass du das scheiße finden würdest? Ich meine ... allein die Schwalben!«

Nein, war ihr nicht klar. Und ich bin natürlich in diesem Moment auch eine dieser ätzenden Personen, die hinterher klüger sind, als sie es vorher je waren. Ich würde nie sagen: Hätte ich dir gleich sagen können, hättest du mich mal gefragt, aber natürlich meine ich genau das.

Ich kann heute einfach so tun, als hätte ich diesen Trend nicht nötig gehabt, als hätte ich mit 16 schon gewusst, dass ich es heute blöd finden würde. So war's aber nicht. Die simple Erklärung für meine Unbemaltheit ist: Ich durfte nicht. Als ich nach Hause kam und meinen Eltern erklärte, dass mindestens meine Jugend versaut wäre, wenn nicht gar mein ganzes Leben, wenn ich nicht jetzt sofort, auf der Stelle, ein Arschgeweih bekäme, lächelten die nur milde. Sie zweifelten an, dass das Glück meiner Jugend oder gar meines Lebens an bunten Mustern auf dem Steißbein hingen. Später, so leierten sie die Leier aller Eltern, würde ich ihnen dankbar sein. Und bis es so weit ist, galt § 1 jeder Elterndiktatur: »Solange du noch keine 18 bist, machst du, was wir sagen!« Was hab ich meine Eltern damals gehasst!! Wie sicher war ich mir in diesem Moment, dass Dankbarkeit in diesem Leben nicht mehr möglich sein würde.

Also wollte ich sie runterhandeln auf ein Zungenpiercing. Alle coolen Mädchen hatten ein Zungenpiercing. In der Disco stand immer eins der coolen Mädchen im Mädchenklo und musste die Zunge aus dem Mund halten, damit die uncoolen Mädchen, die keins hatten, es bewundern und neidisch sein konnten. Jeder Typ wollte ein Mädchen mit Zungenpiercing, weil das »ein geiles Gefühl« beim Knutschen war. Piercing-Mädchen waren selbst dann beliebt, wenn sie ohne Piercing überhaupt nicht beliebt waren. Also brauchte ich doch wohl ein Zungenpiercing! Und wieder wollten meine Eltern das nicht einsehen. »Aber alle haben das, Mutti!« Mutti: »Wer ist alle? Bist du alle?« Und ich hab natürlich nicht verstanden, was so schlecht daran sein sollte, alle sein zu wollen. Natürlich wollte ich nichts mehr als alle sein! Bitte! Meine Mutter ließ sich lang und breit erklären, was ein Zungenpiercing war und wie wichtig es war, dass man eins hatte, und warum ich unbedingt eins wollte. Dann sagte sie lange nichts, was mich kurz hoffen ließ. Aber statt einer Erlaubnis kam von ihr nur: »Und was kommt als Nächstes? Ein Ring durch die Leber, ein Bolzen durch die Niere?« – und ein leichtes, herablassendes Lachen.

Wir sind beim dritten Bier, und inzwischen weiß ich, dass der Mann mir gegenüber eins dieser chinesischen Zeichen auf der Schulter hat. Seins bedeutet »Mut«. Er hat es sich im Urlaub in Florida stechen lassen, von einem Mexikaner, insofern kann es auch »Ente süßsauer« heißen, aber es sieht besser aus, als wenn er tatsächlich »Mut« auf der Schulter stehen hätte (wobei er sich dann auf die andere Schulter »Hel« stechen lassen könnte und dann nur noch einen Sohn bräuchte, den er Helmut nennt. Wir sind, wie gesagt, beim dritten Bier). Der Mann will sich demnächst noch einen Totenkopf stechen lassen und fragt mich, ob ich mitkomme. Vielleicht komme ich ja auf den Geschmack. Ich sage: »Und was kommt als Nächstes? Ein Ring durch die Leber, ein Bolzen durch die Niere?« Dann lache ich, leicht und herablassend. Auf dich, Mutti!

05
Dialekt der Aufklärung
oder
Ich in New York (zwischen Stuttgart und Ulm)

Aalen. Da wo ich herkomme und wo ich manchmal nicht herkommen möchte. Aber es nutzt nichts: Ich bin auch irgendwie Aalen, hier haben über 20 Jahre meines Lebens stattgefunden. Hier war der erste Kuss, die erste große Liebe, der erste Sex (nicht in dieser Reihenfolge) das Abitur, die Freunde und die Cafés. Leben eben. Man guckt ja immer aus seinem Kinderzimmer in die Welt. Deswegen gilt: Du bist Deutschland, und ich bin Aalen. Mit Orten und Menschen ist es wie mit Hunden und Menschen: Nach etlichen Jahren gleichen sie sich an. Da kann ich mir noch so häufig einreden, dass ich eigentlich für New York konstruiert wurde und man mich lediglich in Aalen ausgeliefert hat. Man ist auch das, wo man lebt.

Aalen. Zwischen Stuttgart und Ulm, zwischen Niemandsland und Heimat. Aalen, das ist der Marktplatz, die Limes-Thermen und die Schwäbischen Hüttenwerke. Es gibt sieben Italiener, und man kriegt jetzt auch Sushi, es gibt siebzehn Cafés in der Stadt, die mittlerweile auch »Hugo« anbieten, und alle haben Internet. Es gibt die Sternwarte und die Jazztage, den Schubart-Literaturpreis und die Musikschule, es gibt Partnerstädte in Ungarn und

Frankreich. Und es ist wie überall: Je mehr man sich um große Welt bemüht, umso deutlicher ist es Provinz. Aalen ist nicht Gladbeck, wo man das Geiseldrama hatte, oder Lengede oder Rammstein, wo ja auch Leute spektakulär ums Leben gekommen sind. In Aalen ist nichts Vergleichbares passiert. Hier ist eigentlich noch nie irgendwas passiert, und ich wollte immer hier weg.

Jetzt sitze ich in meinem alten Stammcafé, beobachte Leute und frage mich, ob ich auch diese Leute wäre, wenn ich geblieben wäre. Wie wäre ich? Ich spräche schwäbisch. Das tue ich jetzt auch, aber nur, wenn ich mich aufrege, wenn ich müde bin oder betrunken. Sonst aber kann ich mittlerweile sogar Hochdeutsch.

Wäre ich geblieben, wäre ich für die meisten ohne Untertitel nicht zu verstehen. D'Margot, die schafft jetzt auf'm Markt und hot ihr Wohnzimmer tapeziera lasse – s war gar net so teuer! D'r Oberbürgermeischter wird g'wählt, und d'r Elton John darf net auf d'Rasen vom Fußballverein, weil dann isch er he! Gescht isch in der Zeitung g'standa!

Dialekt ist Provinz. Dialekt macht klein. Es hat einen Grund, dass der Bundespräsident bei der Neujahrsansprache nicht plattdeutsch spricht.

»Katrin, jetzt verzähl amol, wie goht's dir?«, werde ich gefragt, wenn ich heute zu Besuch bin. Ich sage: »Ich hab neulich Michail Gorbatschow interviewt...«, und mein Gegenüber sagt unbeeindruckt: »Du, d'r Karl-Heinz, der hat jetzt au Krebs, so schlimm, stell dir vor, die hen grad erscht a neue Küche kauft!«

Es gibt in Aalen keine Welt außerhalb von Aalen. Der Ehrgeiz hat hier keine Filiale eröffnet. Klar wird auch hier was gewollt: »D'r Benz, mol in'd USA ond vielleicht mol a größer's Häusle …!« Aber sonst? Nur andersrum: Ist zufrieden in Aalen nicht besser als nörgelnd in Berlin?

Provinz ist auch Zeitmaschine. Wenn man die letzten zehn Jahre im Koma war oder im Kongo, könnte man nach Aalen ziehen und einfach nahtlos weitermachen. Hier gab's noch den Tschibo, als man woanders schon Frappuchino beim Starbucks bestellte. Hier ist deutlich mehr ADAC als CSD, und vermutlich macht nächstes Jahr der erste Bubble-Tea-Laden auf …

Heute steht eine Frau neben mir in einer weißen Trekking-Hose aus den Neunzigern, mit unfassbar vielen aufgenähten Taschen, der String ist gut erkennbar durch die weiße Hose, sie trägt ein bauchfreies Top und darüber etwas, das aussieht wie eine gehäkelte Tischdecke in schwarz, die bis zur Hüfte geht. Sie hat die Haare schwarzblau gefärbt, auch so ein Neunziger-Ding, das nur noch geht, wenn man Katy Perry ist, oder im weitesten Sinne was mit Kunst macht. Sie steht rauchend an einem Stehtisch mit einem Mann, der im Sommer ganz sicher Trekkingsandalen mit karierten Hemden trägt. Und dazu Socken, aber das ist reine Spekulation. Weil nicht Sommer ist, trägt er nur das karierte Hemd zu Jeans und braunen Slippers. Er raucht Zigarillo.

Dann kommt ein Bekannter des karierten Mannes an den Stehtisch, beugt sich von hinten über seine Schulter und sagt: »Na, zoig'sch du hier dein Schtinkestummel?« Brandendes Gelächter. Lustig. Wäre ich hiergeblieben, hätte ich dann auch diesen Humor? Und diese Hose?

Warum macht Heimat das, dass man bei aller Liebe und Vorfreude nach zwei Tagen auch wieder froh ist wegzukommen? Tsss, Schtinkestummel!

06
Die Anti-Hochzeit

Und so hätte ich hier geheiratet: Mein Mann käme auch hier aus der Gegend, aus Hofen vielleicht oder Unterkochen. Wie er heißt, wär für den Tag ja erst mal egal. Auf jeden Fall hätte er nicht so einen Buchstabenpuzzlenamen, wie die Kandidaten bei DSDS, wo mittlerweile alle Ardian, Hamed, Menderes oder Dardana heißen. Würde ich hier heiraten, hätte ich einen Sebastian, Alexander oder Christian.

Wichtig wäre uns bei unserer Hochzeit, dass wir Einladungskarten verschicken mit drei Fotos auf der Karte oder einer Fotocollage, in jedem Fall in mittlerer Druckqualität. Eins im Urlaub, eins wie wir uns küssen und eins bei einer sportlichen Betätigung, Ski fahren vielleicht. Dann sieht jeder gleich: Das sind wir! Wir lieben uns, und wir haben dieselben Hobbys. Unter diesen Fotos steht in *Comic sans kursiv*:

Wir trauen uns ...

Die drei Punkte sind wichtig, sie betonen das Wortspiel und geben der Sache noch ein wenig mehr Gewicht. PunktPunktPunkt.

Auf der Innenseite stehen die Daten. Standesamtliche Hochzeit und Einladung zu einem Fest. Die Zeremonie findet in einer kleinen Kirche statt. Klein, aber schön, mit angeschlossenem Rosengarten, so dass man aus der Kirche direkt in den Sektempfang fallen kann. Beim Sektempfang wünsche ich mir Stehtische, eingewickelt in cremefarbene Tischdecken, die mit pinken Schleifchen zusammengebunden werden.

In diesem Rosengarten machen wir auch die Hochzeitsfotos: Er hält mich von hinten im Arm, und einmal trägt er mich auf Händen. Schnell, abdrücken – ich und mein Kleid, gar nicht so leicht. Die Fotos sind später noch zwei Wochen im Schaufenster des Fotografen. Plus dem, wo sein Schattenriss hinter meinem Portrait zu sehen ist.

Ich trage ein Kleid, auf das Sissi neidisch gewesen wäre. Ich will so viel Tüll unter dem Rock, dass es aussieht, als hätten sich dort fünf Kinder versteckt. Deswegen wird sich das Kleid im Laufe des Tages zwar als unpraktisch herausstellen, aber Gott sei Dank hat jemand in die Innenseite eine Schlaufe für den kleinen Finger genäht, damit man das Kleid zur Not auch von Hand tragen kann. Ab 16 Uhr werde ich genau das tun. Zusätzlich trage ich Finger-Flip-Flop-Handschuhe, die über die Ellenbogen gehen und die an den Nähten mit Glitzersteinchen bestickt sind. Alle werden sagen: so eine schöne Braut, und ich werde strahlen. Es ist der schönste Tag meines Lebens und der teuerste.

Die anschließende Sause findet in einem Gasthof statt. Auf dem Parkplatz steht die Brautgesellschaft und wartet auf uns. Eine besondere Überraschung der Trauzeugen: Wir lassen Luftballons steigen, und jeder muss auf eine Postkarte unsere Adresse schreiben und was er uns zur Hochzeit wünscht. Alle fotografieren in den Himmel.

Vor der Tür des Gasthofes hängt ebenfalls eine pinke Schleife, und unsere Trauzeugen reichen uns Scheren, damit wir sie durchschneiden können. Alle klatschen, wir lächeln und winken, bevor wir in den Gasthof gehen.

Den Kuchen hat die Verwandtschaft gemacht, und diverse Freundinnen wurden gebeten, das Sortiment aufzustocken. Diese Kuchen bestehen, aus Spezial-, Familien-, und Geheimrezepten. »Du musst mal die Gewittertorte von Anja probieren. Nach dem Rezept ihrer Oma. Das ist die beste Gewittertorte der Welt!« Dazu Filterkaffee.

Damit das Warten bis zum Abendessen nicht zu lang wird, haben Freunde Spiele vorbereitet. Zum einen werden Fragen gestellt, die mein Mann und ich beantworten müssen. Rücken an Rücken. Wie gut kennen wir uns eigentlich? Wer kann besser mit Geld umgehen? Wer ist unordentlicher? Wer hat bei uns die Hosen an? Bei jeder Antwort, bei der wir nicht übereinstimmen, sind die Gäste außer sich vor Freude. Meine Turngruppe hat eine Laien-Version von »Lord of the dance« einstudiert. Alle schreien »Zugabe« und »Auszieh'n«.

Der Fußballverein meines Mannes hat ein Gedicht geschrieben, sie lesen es von Zetteln ab. »Glück« reimt sich auf »Stück«, und »Hochzeitspaar« auf »Das ist klar«.

Gegen 17 Uhr baut Magic Johnny sein Keyboard auf. Er wird den Gästen heute noch einheizen.

Aber erst abendessen. Büfett. Es gibt Spätzle mit Soße und einen Braten und grünen Salat in Plastikschüsseln mit leicht milchigem Salatbesteck. Und das Fleisch vom Metzger Maier, der hat das beste Fleisch, das gab's auch schon bei Saskia und Frank, und da waren hinterher alle begeistert. Nach dem Abendessen ist es Zeit für den Hochzeitstanz. Johnny haut in die Tasten, und ich bin nachsichtig mit meinem neuen Mann und seiner Version des Wiener Walzers. Ich bin trotzdem froh, dass wir extra den Tanzkurs gemacht haben, damit man sich hinterher nicht schämen muss, wenn man das Hochzeitsvideo sieht.

Im Anschluss tanzen vor allem die älteren Gäste. Johnny spielt die besten DiscoFoxe der Siebziger, Achtziger und Neunziger.

Bei »I will survive« stürmen endlich alle die Tanzfläche.

Wir feiern bis morgens um vier, dann muss ich dringend schlafen. Ich könnte wetten, meine Trauzeugen haben mir Luftballons ins Bett gelegt. Die Hochzeitsnacht entfällt. Ich bin müde, und Sebastianalexanderchristian ist blau.

Ganz gut eigentlich, dass ich mir diesen Tag so lebhaft vorstellen kann, dass ich ihn gar nicht erst feiern muss. PunktPunktPunkt.

07
Ich geh als Stecknadel – Scheitern am Heiraten

Mit sechzehn stellten wir uns vor, was aus uns werden würde. Bei einer Tüte Chips und total angeschwipst. Nach einem Bier.

Im schlimmsten Falle, dachten wir, lägen wir später mit einer Tigerleggings und einem Bärchenpullover in einer Sozialwohnung auf der Couch. Wir hätten vier Kinder von vier Männern, die uns alle verlassen haben. Kinder, die wir anschreien, leiser zu sein, weil unsere Lieblingssendung im Fernsehen läuft. Im besten Fall, dachten wir, würde Sarah später Leonardo di Caprio heiraten und Maren den Marc von Take That. Der hatte nämlich in einer Fernsehsendung *ick liebe dick* gesagt, und sie war sicher, dass er sie und nur sie gemeint hatte.

Auch ich bin damals davon ausgegangen, später zu heiraten. Ich dachte, es ist eine Art Naturgesetz. Wie Geburtstag haben. Etwas, was automatisch passiert, gegen das man nicht sein kann, ohne als sehr merkwürdig zu gelten. Schließlich gibt's Geschenke, und schließlich sind Feste etwas Schönes, und schließlich machen es alle.

Ich kann mich aber nicht erinnern, mir jemals wirklich

vorgestellt zu haben, wie ich weiß eingetüllt auf einen Altar zulaufe. Ich probte keine Hochzeiten, während um mich herum alle anderen Mädchen fleißig ihre Barbies in weiße Servietten kleideten. Es gibt ein Foto aus dem Karneval 1992. Zu sehen sind viele Mädchen in Tüll, mit Krönchen im geflochtenen Haar. Viele Prinzessinnen und daneben ich in einem silbernen Schlafanzug und blauem Kopf. Ich ging nämlich als Stecknadel! Die Prinzessinnen fanden meine Verkleidung natürlich doof, warum sollte man eine Stecknadel sein wollen? Ich fand meine Antwort logisch: Weil ich keine Prinzessin sein wollte. Dornröschen war schon immer das langweiligste Märchen. Pennen bis der Prinz kommt. Nicht so mein Ding.

Ich bin jetzt in dem Alter, in dem die Prinzessinnen von damals ihre Prinzen heiraten. Maren hat es nicht bis zu Marc von Take That geschafft. Sie ist stattdessen jetzt mit dem eher mittelmäßigen Sänger einer Karnevalsband verlobt. Sarah ist mit Holger zusammen, der so viel Ähnlichkeit mit Leonardo diCaprio hat wie Tofu mit richtigem Fleisch. Aber in diesem Herbst wird geheiratet.

Ich mag Hochzeiten eigentlich, aber sie sind für mich, ähnlich wie Wellenreiten oder Karaoke, eher etwas, bei dem ich anderen gerne zusehe, was ich aber nicht unbedingt selbst machen muss.

In den letzten beiden Jahren war ich auf etlichen Junggesellinnenabschieden und einem halben Dutzend Hochzeiten, die fast alle so aussahen, als wäre die Homoehe nicht nur erlaubt, sondern das Maß aller Dinge, zumindest was die Feiern angeht. Die Ausstattungen für den schönsten Tag im Leben bewegen sich nämlich irgendwo zwischen Harald Glööckler und Ludwig II. Es wimmelt von Schleifchen, Schleiern und Schampus, Herzen und Häppchen, rosa und Rosen. Der neue Trend sind Seifenblasen und Seidenblütenblätter. Das Brautkleid wird oft sorgfältiger ausgesucht als der Bräutigam. Das mag daran liegen, dass sich viele Mädchen eben ihre Hochzeit schon vorstellen, lange bevor sie mit irgendeinem Jungen gesprochen, geschweige denn geschlafen haben, und in diesem Alter sind die Geschmacksnerven noch durch *Barbie* und *My little pony* vorbelastet. Aber auch bei anderem Geschmack ist die Hochzeit mittlerweile ein Großkampftag geworden. Fast 15 000 Euro werden im Durchschnitt in Deutschland für eine Hochzeit ausgegeben. Bei knapp 33 000 Euro deutschem Durchschnittsverdienst im Jahr. Das heißt, die Hochzeit ist für die meisten nicht der schönste, sondern erst mal der teuerste Tag in ihrem Leben.

Es geht um Geld und Show: Der Heiratsantrag steht in der Zeitung, besser noch auf YouTube, wenn er nicht gleich vor laufenden Kameras stattfindet. Es gibt mittlerweile den Beruf des Wedding-Planners, der auch oder gerade dann gebucht wird, wenn Krethi Plethi heiratet. Standesbeamte stehen gegen Aufpreis im Ausland an Sandstränden oder auf angemieteten Seegrundsrücken und vor allem im ganz großen Kreis. Teilweise fällt der schönste Tag im Leben so bombastisch aus, dass er ein ganzes Wochenende dauert und unter den unverheirateten Gästen gerätselt wird, wie diese Hochzeit noch zu toppen ist. Und wie lange die Ehe halten muss, bis sich diese Ausgaben gerechnet haben. Bis zur Silberhochzeit doch mindestens.

Deutschland sucht die Superhochzeit. Welche Chancen hat eine Ehe, wenn der Höhepunkt schon gleich am Anfang liegt? Wenn's am schönsten ist, soll man anfangen?

Vielleicht bin ich altmodisch, aber ich dachte immer, Hochzeit feiert man, weil es um die Liebe zweier Menschen geht, die sich versprechen, den Rest ihres Lebens miteinander zu verbringen. Das wäre mir schon groß genug. Und obwohl ich nie Prinzessin sein wollte, bin ich in dieser Hinsicht Romantikerin.

Bei der ein oder anderen Liebeserklärung, die ich auf Hochzeiten gehört habe, bräuchte ich nicht 150 andere Menschen, sondern nur einen. Aber anscheinend spielt ja beim Heiraten auch der Wunsch eine große Rolle, die Liebe zum anderen öffentlich zu machen, sein Glück teilen zu wollen. Vielleicht bin ich also auch nur egoistisch, weil ich nicht teilen möchte. Sollte man weniger pompös feiern, nur um zu vermeiden, dass man sich nicht zu früh gefreut hat?

Ich bin nicht gegen die Ehe, ich glaube nur nicht wirklich dran, schon gar nicht an die lebenslange. Ich will nicht sagen, dass ich sie nicht für möglich halte. Ich sage nur, dass es ganz offensichtlich nicht so leicht ist. Jede zweite Ehe hält nicht. Hätten Flüge eine fünfzigprozentige Absturzquote, wäre die Lufthansa längst pleite. An der Ehe aber halten alle hartnäckig fest. Bei der Ehe glaubt jeder, er wäre automatisch bei der besseren Hälfte und stürzt nicht ab. Ist das leichtsinnig oder naiv oder einfach der Wunsch, irgendwann auch mal irgendwo und bei irgendwem anzukommen?

Ich werde skeptisch, wenn irgendwas allzu groß, laut und teuer propagiert wird, egal ob es das neue Album von Rihanna, das Wahlprogramm der CDU oder die Liebe ist. Immer wirkt es so, als wäre man über jeden Zweifel erhaben, je pompöser die Versprechen inszeniert werden. Die Gigantomanie von Hochzeitsfesten als Kontrast zu steigenden Scheidungsraten. Vielleicht suchen ja nur alle nach Sicherheit in unsicheren Zeiten, so eine Art Pfeifen im Wald – je lauter, desto weniger Angst hat man.

Bestimmt denke ich das auch nur so lange, bis ich jemanden heiraten will. Weil man vielleicht gar keine Meinung zum Heiraten hat, sondern ein Gefühl für einen Menschen. Und bei irgendeinem ist es dann: Heirate mich ... JETZT!

08
Scheitern am Sport ...
... ideal für Einsteiger!

Silvester ist ideal zum Scheitern. Gute Vorsätze werden da traditionell mit Feuerwerk begleitet, und man weiß, dass sie ähnlich schnell verfallen wie unbehandelte Milch aus dem Bioladen. Silvestervorsätze sind Scheitern für Anfänger. Potentielle zukünftige Nichtraucher stehen um zehn nach zwölf mit einer Kippe zwischen den Zähnen in der Kälte und behaupten, dass Neujahr ja noch nicht zum neuen Jahr zählt. Ähnliches gilt für Sport. Auch ein Klassiker unter den Vorsätzen und ebenfalls top zum Einstieg ins Scheitern.

Seit meine Mutter mich nirgendwo mehr anmeldet, hinfährt und wieder abholt, ist Sport für mich aufwendiger geworden. Ich muss selbst entscheiden, was ich will, ich muss Zeit und – schlimmer noch – auch Lust haben. Diese Kombi ist so selten, dass ich dachte, mit Fitnessclubs, die mir die Traumfigur zu Schleuderpreisen anbieten, wäre ich optimal aufgestellt. Für umgerechnet nur drei Schachteln Zigaretten im Monat erkaufe ich mir die Option, jeden Tag spontan Lust auf Sport zu bekommen. Das ist ein fairer Preis. Geschlagene 16 Monate war ich also Mitglied in einem Fitnessstudio, und ich war schätzungsweise dreimal da.

Wahrscheinlich war der Preis gar nicht der Vorteil, sondern das eigentliche Problem. Ein Fitnessstudio, das pro Monat ein Drittel meiner Wohnungsmiete verlangt, wäre vermutlich besser, dann hätte ich zwar immer noch keine Lust auf Sport, aber ein so schlechtes Gewissen, dass ich mindestens zweimal die Woche an der Fitnessbank stünde.

Fitnessstudios sind Tempel des Scheiterns. Sie leben ja von den Karteileichen. Wenn man das mal erkannt hat, ist es aber schon zu spät. Man kann leichter bei den Scientologen aussteigen als bei einem Fitnessstudio. Es hat mich drei Besuche bei Ärzten gekostet, um an das rettende Attest zu kommen. Ich habe so gut Rückenschmerzen simuliert, bis ich tatsächlich welche hatte.

Kurz danach unternahm ich einen neuen Anlauf, im wahrsten Sinne: Joggen. Sport ohne Verträge. Man kann direkt vor der Haustür anfangen. Joggen kann jeder. Auch Menschen, bei denen ich denke: Wenn ich beim Joggen so aussähe, würde ich Rad fahren. Ich wohne zwar in der Stadt und finde es nicht ganz so idyllisch, um Häuserblocks zu rennen, aber selbst das Joggen an fünfspurigen Hauptverkehrsstraßen wird ja für gesünder gehalten als gar keine Bewegung. Also joggen. Dabei hasse ich Joggen eigentlich.

Beim Joggen passiert nämlich nichts. Gar nichts. Es ist beweglicher Stumpfsinn. Man kann versuchen, sich mit Musik abzulenken, aber es ist beim Joggen nicht so wie in Western oder Liebesfilmen, wo die Musik zur Landschaft passt, die man sieht. Welche Musik soll man schon hören, wenn man durch Köln läuft? BAP? Die Höhner? Einstürzende Neubauten? Es gibt auch keine Choreographie, keinen, der vorturnt, kurz: nix, worauf man sich konzentrieren könnte, außer den unschönen Begleitumständen. Meistens fängt es an mit der Luft – zu wenig. Ich fühle mich wie eingeschnürt. Dann Seitenstechen. Dann werden die Beine schwer, ein sicheres Zeichen für Magnesiummangel. In diesem Stadium mache ich mir Sorgen, dass das gesunde Joggen meine Gesundheit ruiniert. Leuchtet mir wirklich nicht ein, warum Laufen dem Körper guttun soll, wenn er doch offensichtlich anderer Meinung ist.

In der Zwischenzeit habe ich ein fleckiges Gesicht bekommen und keuche, und es ist mir peinlich, wenn ich Bekannte treffe, die gerade vom Einkaufen kommen, und ich mich schon durch meine Keucherei als absolute Joggnull outen muss. Das hat zur Folge, dass ich wiederum die Luft anhalte, wenn Menschen in der Nähe sind, was nur zu noch mehr Seitenstechen führt. Teufelskreis. Es macht mich wahnsinnig, dass es kein Ziel gibt, weil es ja um das Laufen an sich geht. Klar, der Weg ist das Ziel, hat Konfuzius gesagt, aber der war sicher nie joggen.

Und ganz kostenlos ist natürlich auch joggen nicht. Ich habe mir Laufschuhe gekauft in der Hoffnung, mich selbst zu überlisten. Die Schwäbin in mir kann eigentlich ja nicht verantworten, Geld für etwas auszugeben, was man dann nicht nutzt, hoffte ich. Ich habe mir außerdem zwei Laufhosen gekauft, um für jede Wetterlage optimal ausgerüstet zu sein. Selbstverständlich bin ich davon ausgegangen, dass ich auch im strömenden Regen joggen würde, sobald ich erst mal damit angefangen habe. Meine Oberteile waren atmungsaktiver als ich und zudem noch regenresistent und wahnsinnig gutaussehend, außerdem erwarb ich eine Kalorienuhr, die Zeit, Geschwindigkeit, gelaufene Meter und den Puls misst. Sportsocken, ebenfalls mit allerlei schweißabsorbierenden Raffinessen. Eine Jacke, für die ganz fiesen und kalten Tage, und passend dazu eine Mütze. Dann sah ich tatsächlich aus, als wäre ich sportlich.

Ich war jeden zweiten Tag laufen. Den Tag dazwischen Pause, damit der Körper sich regenerieren kann. Soll man ja machen. Das wusste ich von Halbmarathonfreunden. Weil die das alles schon mal hinter sich gebracht hatten mit Kondition und Ausdauer und was weiß ich, hab ich mir ihre Trainingspläne ausgeliehen. Der Januar lief super, ich lief super. Nach vier Wochen hielt ich über eine halbe Stunde durch, am Stück. Im alten Jahr waren es noch nicht mal fünf Minuten. Im Februar hatte ich die besten Waden meines Lebens. Die sahen so super aus, dass ich sie jedem gezeigt habe, der sie nicht sehen wollte. Ich tat nicht mehr nur so, als wäre ich sportlich, ich war es wirklich.

Zwei lange Monate bin ich eisern jeden zweiten Tag gelaufen, habe mich strikt an Pläne gehalten, auf meinen Puls geachtet, und rannte in dem Gefühl, das Leben im Griff zu haben. Was für ein gutes Gefühl! Wie morgens um sechs aufstehen. Dann glaubt man auch, man sei unbesiegbar, weil man dabei war, als alles anfing.

Ich weiß gar nicht mehr, was dann passiert ist. Vielleicht war ich zu lange beruflich unterwegs, vielleicht lag zu lange zu viel Schnee. Ich erinnere mich nicht mehr. Ich weiß nur, dass ich irgendwann den Rhythmus unterbrochen habe. Aus dem einen Tag Pause wurden zwei oder drei, und irgendwann war August, und da war natürlich auch wieder was: wahrscheinlich war es zu heiß. Und jeder weiß ja, dass es total ungesund ist, in dieser Hitze zu laufen. Sagen wir so: Die Ausreden häuften sich, mein schlechtes Gewissen war groß, aber noch deutlich kleiner als der innere Schweinehund, der massive Bedenken gegen die Laufschuhe hatte.

Der Halbmarathontrainingsplan lag ein halbes Jahr auf der Kommode direkt neben dem Eingang und erinnerte mich jeden Tag daran, dass ich ja joggen wollte. »Musst du aber auch echt mal wieder ...«, sagte ich zu mir und schmiss dann irgendwann den Trainingsplan in den Müll. Meine Laufschuhe dürften in der Schuhkiste mittlerweile sehr weit nach unten gerutscht sein.

Den Rest des Jahres hat sich weltweit wieder keine Frau so wenig bewegt wie ich, ausgenommen vielleicht die Freiheitsstatue in New York. Im Oktober hab ich kapituliert und behauptet, dass Sport einfach nur total doof ist und wirklich nicht für jeden geeignet. Aber Joschka Fischer ist ja auch mal Marathon gelaufen und sieht heute wieder so aus, als würde er mit dem Treppenlift in seinen Weinkeller fahren. Und der Joschka war immerhin mal Außenminister. Ich bin also beim Scheitern in bester Gesellschaft. Schon der erste Marathonläufer der Geschichte ist gescheitert. Es war ein Bote, der der Legende nach von Marathon nach Athen lief, dort »Wir haben gesiegt...!« rief und dann tot zusammenbrach.

Deswegen ist Sport so ein guter Einstieg ins Scheitern. Beim Sport lernt man die Grundregeln des Scheiterns, nämlich, dass es dazugehört. Wenn man das Tor nicht trifft, heißt das ja nicht, dass das Spiel nicht funktioniert. Im Gegenteil. Das Tor nicht zu treffen ist Teil des Spiels. Das Spiel wäre langweilig, wenn jeder Schuss ein Treffer wäre. Und Michael Jordan hat mal gesagt: »In meiner Karriere habe ich über 9000 Würfe verfehlt. Ich habe fast 300 Spiele verloren. Sechsundzwanzigmal wurde mir der spielentscheidende Wurf anvertraut, und ich habe ihn nicht getroffen. Ich habe immer und immer wieder versagt in meinem Leben. Deshalb bin ich erfolgreich.«

Außerdem ist Sport, genau wie Sex, am Ende eine Frage der Definition. Am Halbmarathon bin ich gescheitert, aber auf der Kurzstrecke zwischen meiner Wohnung und dem nächstgelegenen Kiosk hängt mich so schnell keiner ab. Wenn man das jetzt nicht »Ich flitz mal eben zum Büdchen« nennt, sondern Urban Short Distance oder Modern City Running, sind wir schon im Geschäft. Ich glaube, ich wäre Deutsche Meisterin in dieser Disziplin. Bei diesem Alltagssport nähern sich mein Körper und ich an. Ich merke auf dem Weg zum Kiosk, wann er mir sagen will, dass er mich für ein Arschloch hält, das keine Rücksicht auf ihn nimmt, und wann wir Freunde sind. Momentan haben wir beide eine Art Fernbeziehung, aber wer weiß, was draus wird. Vielleicht versuchen wir beide es eines Tages sogar wieder mit Sport.

09
Bio und Rhythmus
oder
Scheitern an Weckern

Mein Leben ist eine Art Schlafstörung. Mein Leben ist das, was passiert, wenn ich nicht schlafe. Im Schlafen bin ich richtig gut. Immer schon gewesen.

Wenn ich mal schlafe, gibt es kein Morgen mehr, im wörtlichen Sinne. Zehn bis zwölf Stunden werden zwar immer noch nicht als normal angesehen, von normalen Leuten, ich kenne es aber nicht anders in meiner Normalität. Klar ist, dass man sich das Leben ein bisschen anders einteilen muss, wenn man immer die Hälfte des Tages verschläft. Wenn man weiterrechnet, dann hat am Ende meine Oma recht, die über mich gesagt hat: »Sie verschläft noch mal ihr halbes Leben.« Vielleicht ist es ja die schlechtere Hälfte. Und wenn nicht? Gibt es dafür Selbsthilfegruppen? Aber auch bei denen würde ich vermutlich die meisten Sitzungen verschlafen. Woran liegt's? Vielleicht am Blutdruck oder Kreislauf. An guten Tagen hab ich beides, aber vermutlich eher in einem Ausmaß wie eine Achtzigjährige. Eine untrainierte Achtzigjährige (siehe auch: Scheitern am Sport).

Es gibt ja wirklich Leute, die morgens so aufstehen wie

Menschen in der Kaffeewerbung, unzerknittert, munter und voll da. Ich gehöre nicht dazu. Wenn ich aufgestanden bin, legt sich mein Kreislauf noch mal wieder hin. Mein Aufstehen ist eher so eine Art Schlafwandeln. Ich muss mich erst in einem längeren Prozess langsam in die Person verwandeln, die ich von mir kenne. Ich habe ansonsten nach dem Aufstehen nichts mit mir zu tun.

Nach dem Wachwerden reagiere ich auch noch nicht auf menschliche Sprache. Höchstens unwirsch, mit Grunzlauten. Auf die Frage: »Möchtest du einen Kaffee, Schatz?«, antworte ich mit »Hmmfgh«, was übersetzt so viel heißt wie: »Ja, sicher, dumme Frage, Blödmann. Bring mir einen großen Eimer. Mit Milch!«

Vielleicht liegt's auch nicht am Blutdruck. Vielleicht ist Schlafen eine Art Probeliegen für den Hauptfriedhof. Ein Herantasten an den großen Schlaf, wie Philip Marlowe das nennt, wenn man stirbt.

Schlafend lässt die Welt mich in Ruhe, was ein guter Zustand ist. Ich glaube, mein Körper will täglich neu überzeugt werden, den Stand-by-Modus zu verlassen. Er braucht Argumente, er ist von Natur aus skeptisch. Schlafen ist bei mir eben auch ein Scheitern am Wachbleiben.

Mir sind diese Macher suspekt, die nach vier Stunden Schlaf erst mal zwei Stunden ins Fitnessstudio gehen, dann einen Weltkonzern lenken, abends zur Entspannung vierhändig Mozart spielen und sich anschließend liebevoll um die Familie kümmern. Ich glaube denen nicht. Ich fühle mich von so viel Energie belästigt. Ich gehe von der Küche ins Bad und habe Jetlag, Miriam Meckel hat in dieser Zeit eine Gastprofessur absolviert und ein Buch über Burn-out geschrieben.

Nein, ich weiß nicht, wie Angela Merkel das hinkriegt,

um sieben Uhr den Euro zu retten, um neun die CeBIT zu eröffnen, um elf im Bundestag zu reden und dazwischen noch drei parteiinterne Intrigen von dicken oder doofen Männern abzuwehren.

Ein bisschen bewundere ich das, bin aber auf der anderen Seite auch skeptisch. Vielleicht sind viele unserer gesellschaftlichen Probleme letztlich nur das Resultat von permanentem Schlafmangel aufseiten unseres Führungspersonals. Mein Schlafen ist auch ein stiller Protest gegen das Immerweiter. Ich hab den Eindruck, das ganze Land ist auf Red Bull, und ich schlafe dagegen an.

Meiner kindlichen Entwicklung wäre es vermutlich besser bekommen, wenn ich in der Schule die ersten beiden Stunden verschlafen hätte. Pennen hätte mir mehr geholfen als binomische Formeln. Ich muss heute noch immer nicht wissen, wie Osmose funktioniert. Ich bin beim Fernsehen. Die mit Bio vertrödelten Stunden hätte ich locker verschlafen können. Ich kann mich nicht erinnern, dass in 13 Jahren Schulzeit jemals auch nur ein Tag entspannt angefangen hätte. Aufgewacht bin ich nur, weil meine Mutter brüllte. Als ich sie irgendwann fragte, warum sie immer gleich schreit, sagte sie: »Wenn du mich schreien hörst, war ich schon siebenmal da und hab es im Guten versucht.«

Ich bin grundsätzlich immer erst 20 Minuten vor Beginn der ersten Stunde aufgestanden. Nicht aus Boshaftigkeit, nicht weil es mir an Disziplin mangelt, sondern weil es einfach nicht anders ging. Seinen Biorhythmus kann man sich doch genauso wenig aussuchen wie seine Schuhgröße. Niemals war ich um acht im Unterricht und hatte Glück, dass das irgendwann in dieselbe Kategorie fiel wie eine Behinderung oder eine exotische Religion: Weder

Lehrer noch Mitschüler machten Bemerkungen, Witze oder ernsthafte Versuche, mich zu ändern.

Bis heute ist es so, dass ich ungern Termine vor zehn Uhr habe, auch aus Angst zu verpennen. Früher war es ein bisschen cool, jeden Morgen zehn Minuten zu spät in die Klasse zu kommen und ganz unbeeindruckt zu sagen: »Ich hab verpennt.« Heute gilt man damit als unzuverlässig. Bestenfalls wird es einem als Kollateralschaden von Kreativität ausgelegt. Ich wusste immer, dass für mich nie ein Beruf in Frage käme, bei dem man morgens um sieben anfangen muss, und das nicht nur manchmal, sondern jeden verdammten Tag eines jeden verdammten Jahres. Unvorstellbar! Daran würde ich nicht scheitern, sondern eingehen. Meine größte Angst, als ich von zu Hause auszog, war, dass mich meine Mutter zukünftig nicht mehr wach brüllen würde. Seitdem bin ich auf mehr als drei Wecker angewiesen oder auf Freunde, die mich wach klingeln. Der absolute Rekord liegt bei 38 verpassten Anrufen, plus drei parallel überhörten Weckern.

Mittlerweile habe ich mir einen Bombenwecker gekauft. Der Name ist sehr passend. Der hat sogar eine Vibrationsplatte, die Rütteln simulieren soll, während man das Gefühl hat, ein LKW versucht, rückwärts im Schlafzimmer einzuparken. Ist nämlich genau der gleiche Sound, nur in laut. Der Wecker ist so laut, dass sogar ich ihn höre, aber eben auch leider sämtliche Nachbarn.

Dabei glaube ich, dass die Welt besser dran wäre, wenn alle länger liegen blieben. Am Wachbleiben zu scheitern ist schon eine Art Königsdisziplin, aber eine, die sich lohnt. Die meisten Kneipenschlägereien entfielen, würde man vorher erst mal eine Nacht drüber schlafen. Schlafend kommt man nicht darauf, aus Mais Benzin zu machen. Wie viele

Kriege könnte man vermeiden, wenn sich alle mal aufs Ohr hauen würden, statt sich die Köpfe einzuschlagen?! Schwerter zu Kopfkissen, das wäre eine Friedensbewegung, der ich mich anschließen würde. Im Schlaf.

10
Katrin Bauerfeinds gesammelte Macken

Macken hat heute jeder. Viele haben keinen Charakter, sondern eher eine Mackensammlung.

Früher wurde gegessen, was auf den Tisch kam, heute braucht die Einladung zum Essen an den Freundeskreis mehr Planung als der Bau eines Hauses. Der eine mag keine Pilze, wegen der Konsistenz, der andere hat Schwierigkeiten mit grünem Gemüse, der Nächste grad eine Klatsche mit Fisch. Am Ende gibt's Pizza für alle und danach ein Hanuta. Das ist der größte gemeinsame Nenner. Ich denke manchmal, ich bin der einzig mackenfreie Mensch, bis mir auffällt, dass das natürlich nur eine weitere Macke ist, denn ich habe lediglich gelernt, bestens mit meinen Macken zu leben.

Keine Polizei! – Macke 1

Meine Oma kommt ins Zimmer und sagt: »Wenn ihr jetzt nicht brav seid, dann rufe ich die Polizei.« Sie versucht gerade, fünf Enkelkinder gleichzeitig im Zaum zu halten.

Nach fünf Minuten herrscht das gleiche Geschrei wie vorher. Nach fünf Jahren sowieso. Kinder sind ja nicht blöd, sie merken, wenn nach der ewig gleichen Drohung die Polizei doch nie auftaucht. Ohne Polizei gab es aber auch keinen Grund, brav zu sein.

Meine Oma war Bäuerin. Als die Polizeidrohung wieder mal wirkungslos verpuffte, ging sie in den Hühnerstall und kam mit einem Huhn in der Hand wieder raus. »Wenn ihr jetzt nicht brav seid, dann lege ich euch heute Abend das Huhn ins Bett!« Im Gegensatz zur Polizei war das Huhn schon da. Es zappelte und flatterte wie verrückt in Omas Hand und fing dann an komisch zu zucken. Einmal. Zweimal. Dreimal. Dann nichts mehr. Tot. Riesengeschrei. Okay, man war nicht immer brav, aber uns ein sterbendes Huhn ins Bett zu legen war unangemessen. Wo war Amnesty, wenn man die mal brauchte? Oder wenigstens der Tierschutzbund.

Omas Erziehung blieb vor dem Internationalen Gerichtshof ungestraft, aber ich habe seither ein Huhn-Trauma. Alles, was Federn hat, ist mir nicht sympathisch. Aber ein Huhn ist für mich das, was für andere Frauen Spinnen oder Mäuse sind: ein Schreikrampfauslöser, ein Fall für spontanen Ekelherpes. Es ist schwer zu erklären, was genau ich nicht mag an diesen harmlosen Tieren. Vielleicht die staksigen Füße, dieses Vorwärtszucken, während einen gleichzeitig diese Geflügelfischaugen anglubschen. Wahrscheinlich können die Hühner nichts dafür, und meine Oma ist schuld. Ich kann Huhn manchmal essen, wenn ich verdränge, dass ich Huhn esse. Das war in meiner Familie bekannt, deswegen hat gerne mal jemand gegackert, wenn's Hühnchen gab. Dann war ich fertig mit Essen.

Während einer Kinderfreizeit, bei einem Ausflug zu einem Bauerndorf, auf dem es nur so vor Hühnern wimmelte, musste ich drei Stunden vom Betreuer huckepack getragen werden, weil ich mich weigerte, einen Fuß auf den Boden dieses Dorfes zu setzen. Noch tragischer war ein Studententrip nach Istanbul. Bei einer Fahrradtour zu einem Bergrestaurant stieg die Anzahl der Hühner exponentiell mit jedem Höhenmeter. Ich bin zwei Stunden auf dem Fahrrad vor dem Restaurant im Kreis geradelt, während die anderen zu Mittag aßen. Der Platz vor dem Restaurant war wie eine übervölkerte Hühnerfarm, Absteigen war deshalb unmöglich. Bei einem Urlaub in Österreich, als ich joggen wollte und mir irgendwann ein Huhn auf dem Weg entgegenkam, habe ich auf der Flucht davor vermutlich die beste 2000-Meter-Zeit meines Lebens hingelegt. Aber das Vieh hatte natürlich keine Stoppuhr dabei. Typisch Huhn eben.

Ich bin eine Schildkröte! – Macke 2

Ich muss leise sprechen. Nicht aus Höflichkeit, sondern weil ich an ausgeprägtem Verfolgungswahn leide und denke, man könnte mich belauschen. Dabei bin ich keine Geheimnisträgerin und kein Schwarzes Brett auf zwei Beinen. Klatsch und Tratsch erfahre ich immer drei Wochen nach der *Closer*. Ich weiß auch nix über die amerikanische Armee und kenne keine Pläne von Freimaurern oder Illuminaten, aber darum geht es nicht. Ich muss trotzdem im Lokal immer den Platz suchen, der am weitesten von anderen Tischen und Menschen entfernt ist.

Am Telefon kann ich nicht alles sagen. Seit Jahren sage

ich immer, wenn es spannend wird: Das kann ich nicht am Telefon sagen, nachher wird das abgehört. Und das war Jahre bevor rauskam, was die NSA so macht. Seither lachen alle deutlich weniger laut über mich. Früher hieß es immer, du hast doch nichts zu verbergen! Nein, hab ich auch nicht! Ich habe keine Leiche im Keller, zumindest keine echte, aber deswegen muss ja trotzdem nicht jeder alles wissen.

Zwischenzeitlich hatte ich sogar eine Art umgekehrtes *Fenster zum Hof*-Symptom. Ich stellte beim Beobachten des Nachbarhauses fest, dass in einer der Wohnungen abends nie Licht brannte. Trotzdem war mir, als hätte ich tagsüber jemanden am Fenster gesehen. Irgendwann war ich mir sehr sicher, dass dieser jemand mich überwacht. Und ich komme nicht aus dem Osten und habe auch *Das Leben der anderen* nur einmal gesehen. Keine Ahnung, woher das kommt. Und das kann ich ja nicht mal meiner Oma in die Schuhe schieben. Angeborene Meise vielleicht.

Die andere Wohnung ist etwas höher gelegen als meine, und ich schätze, man kann aus ihr perfekt in meine Wohnung sehen. Vor allem abends, weil ich keine Vorhänge habe. Laut Medienrecht – ich habe das recherchiert – gibt jemand, der keine Vorhänge hat, damit sein Einverständnis, dass beispielsweise in die Wohnung fotografiert wird. Dabei wäre es ein Wunder, wenn mein Überwacher nicht mittlerweile an Langeweile eingegangen wäre. Ich bin weder ein Anhänger der Nacktkultur in den eigenen vier Wänden, noch praktiziere ich absonderliche Riten, im Allgemeinen quäle ich keine Tiere und habe auch sonst null nennenswerte Hobbys.

Mein Privatleben zu Hause zu beobachten ist ähnlich

spannend, wie Tierfilmer in einem Schildkrötengehege zu sein. Aber man weiß ja mittlerweile, dass sich Google und die anderen Hightech-Stasis für absolut alles interessieren. Ohne Rücksicht auf Spannung. Das Filmchen eines niesenden Pandas hat bei YouTube auch mehr Klicks als eine Rede von Angela Merkel. Warum sollte ich also nicht trotzdem beobachtet werden? Ich vermute, bei mir geht es hauptsächlich um Industriespionage. Ich habe ziemlich handfeste Beweise, die meine These untermauern. Hier sind sie:

Ketchup in der Tube
Ketchup, Mayo und Senf sind unbestritten ein paar der besseren Erfindungen der westlichen Zivilisation. Aber über die Verpackungen müssen wir noch mal reden. Ketchup in Flaschen zum Beispiel ist vollkommen beknackt. Früher gab's Ketchup für den Hausgebrauch nur in Glasflaschen. Mit dem bekannten Problem, dass man sich einen abschüttelte, und es kam kein Ketchup. Man klopfte auf den Bodendeckel – kein Ketchup. Man stach vorne mit dem Messer rein, schüttelte wie bescheuert, aber das Ketchup blieb in der Flasche, wie Aladin, wenn man das dämliche Zauberwort nicht kennt. Die komplette Freude über die Erfindung des Ketchups war mit der Verpackung dahin. Scheiße, dachte ich, warum gibt es nicht auch Ketchup in Tuben oder Plastik für den Hausgebrauch, so wie Senf oder Mayo? Das wäre doch eine echte Marktlücke. Sie wissen aus dem Supermarkt, wie die Geschichte ausging ...

Das rote Pferd
Alle haben mich ausgelacht, als ich vorhatte, einen Hit für den Ballermann rauszubringen, wo ich eine Saison durchsingen wollte, um danach ausgesorgt zu haben. Das Lied, mit dem ich das Schlagerbusiness rocken wollte, ein Kinderlied: »Das rote Pferd!« Wie gesagt, alle haben gelacht. Bis zwei Jahre später einer genau mit diesem Lied Millionen eingesammelt hat. Und ich werde nicht überwacht?

Schorly
Ich bin eine leidenschaftliche Schorletrinkerin, ein Getränk, das im Ausland vielfach so unbekannt ist wie die Kehrwoche. In Schottland versuchte ich es aus Ratlosigkeit mit: »Excuse me, do you have Schorly?« Ohne Erfolg natürlich. Seitdem bestelle ich Schorly! Klingt ja auch lustiger.
Vor kurzem hat Capri Sonne eine »Schorly« rausgebracht. Jetzt ist es doch wohl bitte völlig offensichtlich, dass ich abgehört werde. Offenbar seit frühester Kindheit. So viele Zufälle gibt es statistisch gesehen nämlich nicht. Und dahinter stehen eben knallharte wirtschaftliche Interessen.
Liebe Freunde aus Amerika, oder wer immer da zuständig ist: Eine zehnprozentige Provision an den weltweiten Einnahmen aus Tuben-Ketchup, rotem Ballermann-Pferd und Schorly hielte ich für fair. Ansonsten wisst ihr ja jetzt, dass ich euch verdammt nochmal auf den Schlichen bin.

Bitte helfen Sie mir! – Macke 3

Plastik. Heutzutage werden ja zum Grillen allerhand Soßen in widerlichen Plastikflaschen angeboten. Die harmlosere Variante ist durchsichtiges Plastik, durch das man die Pampe sehen kann, die sich irgendwann durch die Öffnung mit ekelhaft schmatzenden Geräuschen zum Steak gesellt. Ich kann dieses Plastik nicht anfassen, und ich kann dieses Geräusch nicht hören. An der Öffnung hat sich ein antiker Soßen-Rest angetrocknet, der womöglich noch vom letzten Sommer stammt und dessen Farbe sich unappetitlich verdunkelt hat. Es ist die Hölle. Ich grille deshalb immer völlig soßenfrei. Das ist der Preis dafür, dass ich dieses dünne, billige Plastik nicht anfassen muss.

Aber das Schrecklichste sind die Senf- und Ketchupkübel auf der Kirmes, die dieselbe Farbe haben wie ihr Inhalt. Senf ist eigentlich eine nicht essbare Farbe, das müsste doch jedem einleuchten, trotzdem bedienen sich dort sämtliche Kirmesbesucher, ohne mit der Wimper zu zucken. Die Kübel sind immer billigstes Plastik, bei dem man noch die Perforierung sehen kann oder Plastiknähte, und das schaffe ich einfach nicht.

Ein Mann muss mir nicht zwingend in den Mantel helfen oder mir die Tür aufhalten, aber er kann bei mir punkten, wenn er für mich Senf holt. Kriege ich das erklärt? Leider gibt es keine spektakuläre Geschichte, in der mein Opa auf der Kirmes von einem Senfkübel angegriffen wurde oder ich als kleines Mädchen tagelang allein gelassen wurde und nur dank Mayo aus Plastikeimern überlebt habe. Es ist einfach ein ästhetisches Problem, und wenn das beim Essen keine Rolle mehr spielt, wo denn dann? Und die Steigerung zu Kübeln sind hängende Plastikbehälter mit Zitzen. Wenn es die beim Würstchenstand gibt und Ketchup- und Senfservice nicht inbegriffen ist, bringt mich das in die entwürdigende Situation, jemanden fragen zu müssen: Entschuldigung, könnten Sie mir bitte Senf auf die Wurst machen? Weil die meisten das natürlich für eine Verarsche oder die blödeste Anmache aller Zeiten halten, esse ich meine Wurst im Brötchen eben trocken. Sollten wir uns also je auf der Kirmes am Würstchenstand begegnen: Bitte helfen Sie mir! Ich bin ansonsten wirklich komplett mackenfrei.

11
Rückwärts und rumpelig

Meine Erziehungsberechtigten benutzten in der Erziehung dieselbe Taktik wie die Werbeagenturen der Achtziger: permanente Wiederholung der immer gleichen Slogans. So lernte ich aus dem Fernsehen, dass die schönsten Pausen lila sind und von meinen Eltern, dass der frühe Vogel den Wurm fängt. Ich lernte, dass das, was Hänschen nicht lernt, bei Hans eh zwecklos ist. Evergreens waren auch »Erst die Arbeit, dann das Vergnügen« und »Ficken sagt man nicht«.

Sätze, die unlöschbar in meinem Kopf hängengeblieben sind, wie die Texte zu den Hits von Michael Jackson. Eigentlich quatscht deswegen ständig jemand aus meiner Familie in meinem Kopf mit mir, mit dem Ergebnis, dass mein Leben um Allgemeinplätze kreist.

Ich ertappe mich heute noch dabei, dass ich sturzbesoffen nach Hause komme, wenn die scheiß frühen Vögel schon zwitschern, falls sie nicht grad einen Wurm im Schnabel haben, und ich fühle mich automatisch schlecht, weil die Morgenstund' bei mir nicht Gold im Mund hat, sondern einen fiesen Nachgeschmack von Cuba Libre und

Kippen. Schon ist der Glamour einer Partynacht dahin. Ich werde den halben nächsten Tag verschlafen und höre im Kopf meine Oma mit ihrem Hit: »Du verschläfst noch mal dein halbes Leben!« Der erste Gedanke am nächsten Mittag um zwei ist Muttis Klassiker: »Da wird's ja wieder nix mit Mittagessen!«

Mein Leben als Kind pendelte zwischen Hits wie »Wenn sich Erwachsene unterhalten, sind die Kinder ruhig« und »Dir muss man alles aus der Nase ziehen«. Beide hielten sich jahrelang in den Charts und wurden sicher vergoldet. Das Soloalbum meines Vaters hieß »Du sollst es doch mal besser haben, Part I«, mit der Single-Auskopplung »Von mir hat sie das nicht« und den Smash-Hits: »Mach erst mal eine Ausbildung / Mach doch was mit Menschen / Mach doch was Solides / Mach doch, was du willst / Denk früh genug ans zweite Standbein / Denk auch mal an mich / Du musst wissen, was du willst / Man muss einen Weg erst gehen, bevor man weiß, ob es der richtige ist / Ich misch mich da nicht ein.«

Ebenso erfolgreich war das Doppelalbum meiner Mutter »Was würdest du nur ohne mich machen?« mit den Welthits »Geh doch mal früher ins Bett / Lass nicht überall alles liegen / Ich bin nicht deine Putzfrau / Rauch nicht so viel / Du solltest mal Sport machen / Zieh dir eine wärmere Jacke an / Da lachen dich die Leute ja aus«.

Meine Großeltern wollten da natürlich nicht zurückstehen und kamen groß raus mit dem »Von nix kommt nix«-Remix feat. »Geht nicht gibt's nicht! / Morgen sieht die Welt schon anders aus / Was sollen denn die Nachbarn denken? / Wer sich rar macht, macht sich beliebt / Geld verdirbt den Charakter / Wer schön sein will, muss leiden /

Wer nicht hören will, muss fühlen / Wer beim Essen schwitzt, ist gesund / Wer sich nicht ruiniert, aus dem wird nichts / Was man nicht im Kopf hat, hat man in den Beinen / Von den Reichen lernt man das Sparen /« ...

Und auch der Chor der Tanten platzierte sich in der Hitparade mit den Klassikern: »Wer dich nicht liebt, wie du bist, ist es nicht wert / Wenn du denkst, es geht nicht mehr, kommt von irgendwo ein Lichtlein her / Willst du nicht langsam mal bodenständig werden? / Solche Möglichkeiten hatten wir damals nicht / Zehn Minuten vor der Zeit ist die rechte Zeit / Das ist nicht der erste und nicht der letzte Mann in deinem Leben.«

Vergessen wir nicht die Familien Bonus-Tracks: »Man kann nicht auf fünf Hochzeiten gleichzeitig tanzen / Geh grade / Sitz aufrecht / Sei ehrlich / Ich meine es doch nur gut / Später wirst du mir noch dankbar sein!«

Allen gemeinsam war die verborgene Botschaft, die man nur hören konnte, wenn man diese Platten rückwärts abspielte und ganz genau aufpasste. Diese Botschaft klang schräg und rumpelig, und ich habe sie erst ein paar Jahre später verstanden. Sie hieß: »Ich liebe dich.«

12
Der trojanische Kerzenständer
oder
Scheitern am Wegwerfen

Was ich nicht so gut kann: kochen, Blumen am Leben halten, pünktlich sein, Spanisch, Entscheidungen treffen. Was ich eigentlich sehr gut kann: wegschmeißen. Ich bin eine Art Anti-Messie. Ein Wegwerf-Fanatiker. Ich bin praktisch die weibliche Antwort auf Robert de Niro in *Heat*: »Gewöhn dich nicht an Sachen, von denen du dich nicht innerhalb von dreißig Sekunden trennen würdest, wenn es mal eng werden sollte.« Gut, bei ihm klingt es cooler, denn er sagt es auf Englisch, raubt Geldtransporter aus und lebt in dem Film in einem Loft von ungefähr 900 Quadratmetern, während ich bei 3sat bin und meine Bude ein angetäuschter Altbau ohne Balkon ist. Aber Vergleiche hinken ja immer. Meine Vorfahren jedenfalls waren garantiert weder Sammler noch Jäger, sondern Wegwerfer.

Kein leichter Job heutzutage. Es ist ein einsamer Kampf: Ich gegen die moderne Welt, die einem ständig die Bude vollrümpelt. Dauernd kriegt man ein Pröbchen, ein Probeabo, ein Rezensionsexemplar, ein Mitbringsel, Zeug. Jede Menge Zeug. Eine ganze Industrie lebt davon, einem Zeug ins Haus zu schicken. Zalando funktioniert so wie

Mario Adorf in *Kir Royal*. Sie scheißen einen zu mit ihren Schuhen. Die ersten schickt man noch zurück, auch die zweiten und dritten, aber irgendwann haben sie einen. Mein Bücherregal sieht aus wie eine Außenstelle der Stadtbücherei, in meinem Kleiderschrank könnte man eine Boutique aufmachen, und in meinem Badezimmer stehen so viele Tuben, Tiegel und Sachen, dass ich deutlich mehr Gesichter haben müsste, um sie alle sinnvoll einzusetzen.

Grob geschätzt alle zwei Monate fahre ich ein gutes Dutzend Säcke auf die Mülldeponie. Für kurze Zeit lebe ich dann nur noch mit den Sachen, von denen ich glaube, dass sie mir wichtig sind. In dieser Phase sieht meine Wohnung so aus, dass selbst ein buddhistischer Bettelmönch sie zu karg finden könnte. Umso seltsamer ist es, dass in dem großen, weißen Nichts immer noch ein paar ausgesuchte Scheußlichkeiten überleben. Ein Stofferdmännchen zum Beispiel und ein tödlich hässlicher Kerzenständer.

Es sind Geschenke. Geschenke von Menschen, die mir etwas bedeuten. Geschenke in der Art, wie ja auch das Trojanische Pferd ein Geschenk war. Wir reden hier über die Art von Geschenken, für die selbst de Niro all sein schauspielerisches Können auffahren müsste, um halbwegs glaubwürdig die Worte »hey«, »super«, »danke« und »toll« hervorzustottern.

Ich muss dabei gleichzeitig noch gegen die Tränen kämpfen, weil die Sachen zwar scheußlich sind, aber von Herzen kommen. Denn meistens bekomme ich diese Sorte Geschenke von meiner Familie. Teilweise ist es so schlimm, dass ich mich gefragt habe, ob meine Familie mich vielleicht einfach nicht leiden kann. Oder ob ich vielleicht doch bei der Geburt mit Daniela Katzenberger vertauscht wurde.

In der Hitparade der schlimmsten Schenker belegt eine Verwandte, Erna, seit Jahren vordere Plätze. Ich will wirklich nicht undankbar erscheinen, aber das erste Geschenk, an das ich mich erinnern kann, war eine orangene Steppweste zum 10. Geburtstag. Es war keine Weste, es war ein Trauma. Ich musste anschließend die erste wirklich weitreichende Entscheidung meines Lebens treffen: Entweder ich habe eine orangene Steppweste oder Freunde. Beides gleichzeitig war nach eingehender Prüfung im Spiegel nicht möglich. Ich hasse Westen. Ich weiß nicht, ob es angeboren ist oder mit dieser orangenen Steppweste angefangen hat, jedenfalls ist das Tragen einer Weste für mich bis heute nicht möglich. Und obwohl mich Erna deswegen auch nie mit einer Weste gesehen haben kann, hat sie mir noch sehr viele Westen geschenkt. Und einmal sogar die ultimative Steigerung einer Weste: eine Wendeweste! Auf der einen Seite gesteppter schwarzer Lack, auf der anderen schwarzes Fellimitat! Doppeltrauma. Als würde man einem Vegetarier ein Schnitzel schenken, was man in ein Stück Wurst verpackt.

Ich denke, man kann sagen: Ich hasse Lack. Ich denke auch, man kann sagen: Sie liebt Lack. Ich bekam nämlich auch noch eine Lacktasche mit Zierreißverschlüssen von ihr. Die überreichte sie mir mit den Worten: »Die ist super, die hab ich auch!« So als wäre das ein Argument für die Tasche. Man steckt aber doch auch niemanden mit Grippe an und sagt dann stolz: »Die ist super, die hab ich auch!«

Bis heute steht die Tasche in Aalen, die Tragehenkel und die Zierreißverschlüsse immer noch in Plastikfolie – ich hab mich einfach geweigert, das Ding auszupacken –, und wir benutzen sie jetzt als Türstopper, wenn wir durchlüften wollen. Zierreißverschlüsse finde ich so sinnvoll wie einen

Hammer aus Zuckerwatte oder einen Bikini aus Blech. Es macht einfach keinen Sinn.

Das absolute Geschenke-Highlight ist eine Handytasche: mit winzigen Glitzersteinchen beklebt, in Schwarz, und in der Mitte der Tasche ist aus denselben Steinchen ein glitzerndes silbernes Herz. Damit man das Handy nicht verlieren kann, kann man das Täschchen auch zumachen, mit einem Druckknopf, getarnt als Uhr und umrandet mit Glitzersteinchen. Und weil die Tasche so schön ist, dass es schade wäre, müsste man sie in eine andere Tasche packen, ist eine silberne Kette dran, damit man das Prachtstück über die Schulter hängen kann.

Die Frage ist: Ist Erna blind? Hat sie mich noch nie wirklich gesehen? Oder verwechselt sie mich mit Birgit Schrowange? Ich meine, kann man mich wirklich für ein Glitzer-Handytaschen-Mädchen halten? Das einzige gute Geschenk, das ich jemals von ihr bekommen habe, war ein Harry-Potter-Hörbuch. Das hatte ich mir allerdings auch sehr explizit gewünscht. Klar, jeder darf schenken, was er schön findet, aber irgendwie sollte doch der Beschenkte auch eine Rolle spielen, oder?

Aber ich weiß, der ganze Schrott kommt eben von Herzen. Ich weiß, sie meint das ganze Elend gut. Ich weiß, sie will mir mit dem Mumpitz eine echte Freude machen. Wie kann ich ihr da böse sein? Oder gar sagen: »Du, was hältst du davon? Wir schenken uns einfach nichts mehr?« Ich könnte genauso gut vorschlagen, dass wir gemeinsam aufhören zu atmen.

Die Angst vor ihren Geschenken ist keine Einbahnstraße. Sie funktioniert natürlich auch andersherum. Würde ich ihr etwas schenken, was nützlich oder gar wirklich schön ist, würde sie vermutlich denken, ich könnte sie nicht mehr leiden. Es ist ein bisschen so wie mit Kolumbus und den Einheimischen. Die haben sich über Glasperlen auch mehr gefreut als über einen Sextanten oder ein paar Schuhe.

Ich kaufe Erna also die hässlichsten und unnützesten Sachen der Welt. Letztes Weihnachten habe ich ihr einen Schokoladenhobel geschenkt, das sinnloseste Produkt, das die Welt je sah. Der Schokoladenhobel geht so: Ein Holzbrett mit einem runden, fetten Schokoladenklotz von einem Kilo drauf, in der Mitte ein Loch mit dem Hobel drin und zu allem Überfluss noch eine Glasglocke obendrauf.

Erna hat sich so gefreut. Ich hätte ihr zugetraut, dass es auch bei ihr so eine vorgetäuschte de-Niro-Freude war, aber als ich sie das letzte Mal besucht habe, stand der Schokohobel auf ihrem Wohnzimmertisch, und es fehlte so viel Schokolade, dass sie die nicht mir zuliebe kurz vor meinem Besuch weggehobelt haben konnte. Sie mochte mein Geschenk. Irgendwie niederschmetternd.

Es muss in den Genen liegen. Es ist eine Verwandte väterlicherseits. Mein Vater hat mir schon Tassen von Tchibo zum Geburtstag geschenkt, die er geklaut hat, weil die seiner Meinung nach im Preis mit drin waren. Das trifft bei ihm eigentlich auf alles zu, was mehr als zwei Euro kostet. Letztes Jahr zu Weihnachten hat er mir Post-its geschenkt. Post-its. Sie waren nicht aus Blattgold, sondern aus Papier. Sie waren nicht personalisiert, es stand nicht auf jedem Zettel irgendwas Nettes, sondern nichts. Sie waren unbeschrieben und gelb. Das ist aber nicht das Schlimmste. Ich freu mich sogar über Post-its. Im Vergleich zur Handytasche von Erna sind sie nicht so hässlich, dass mir davon die Augen bluten, und man kann sie sogar benutzen. Auch die Mütze, die er noch nachgereicht hat, war in Ordnung.

Es war so was wie eine gestrickte DDR, aber mein Gott! Nur dann sagt mein Vater bei der Mützenübergabe noch: »Ha, aus der Norma! 3,99 ... das war ein Schnäppchen!« Mit einem Gesichtsausdruck, als wäre er einer der Heiligen Drei Könige und hätte gerade Weihrauch und Gold abgegeben. Ich wünsch euch frohe Weihnachten!

Zu meinem Dreißigsten hatte sich mein Vater ein Stofftiererdmännchen oben ins Hemd gesteckt. Er kam auf mich zu und aus seinem Hemd guckte ein Erdmännchen: »Alles Gute zum Geburtstag, Mädchen! Bin extra wegen dem Erdmännchen gekommen. Für meine Tochter ist mir nichts zu schade. Das fand ich so süß ... Werbegeschenk von Microsoft auf der CeBIT!«

Auch mein Vater meint es gut. Im Zweifel und bei Bedarf würde er vermutlich drei bis vier Nieren für mich spenden. Er weiß es einfach nicht besser, und er ist Schwabe. Insofern ist das Erdmännchen keine Beleidigung oder Geringschätzung, sondern es kommt eben von Herzen.

Beim letzten Ausmisten war das Tier schon in einem der Säcke. Als ich den Sack dann ins Auto packen wollte, lugte oben wieder der Kopf vom Erdmännchen raus. Ich hab drei Minuten geflucht und es dann doch nicht übers Herz gebracht, es wegzuwerfen. Es war doch irgendwie zu rührend, wie mein Vater sagte: »Ich fand das so süß, ich hätte es am liebsten selbst behalten ...«

Relativ zurechnungsfähig bei Geschenken war lange Zeit eine mir sehr nahestehende Verwandte: die Waltraud. Sie schenkte Socken, Schlafanzüge oder Küchengeräte. Also Sachen, die man gebrauchen kann. Zum letzten Geburtstag gab's erst die Socken, dann ging Waltraud aus dem Raum und kam schwer schleppend mit einer unförmigen und undefinierbaren Masse zurück. Es stellte sich heraus, dass es ein Herz sein sollte, obwohl es auch ein Hirn sein könnte. Dieses Herz ist aus Beton oder ähnlich romantischem Material, mit Furchen und Rillen drin, es ist grün, grau und auch ein bisschen bronzen angemalt und steht auf einem Gusseisen-Fuß. Es sieht aus wie das erste Töpferwerk eines Fünfjährigen, der für sein Alter etwas zurückgeblieben ist. Wie bei anderen Kinderkunstwerken, muss man auch hier eigentlich noch einmal nachfragen: Ist das die Mama oder ist das die Sonne?

Die Konstruktion wiegt mindestens 15 Kilo, und oben im Herz, in der Mitte, ist Platz für ein Teelicht. Mein erster Gedanke war: Das ist das Allerhässlichste, was ich je in meinem Leben gesehen habe. Waltraud wuchtete das Ding also auf den Tisch und sagte: »Denk halt immer an mich, wenn du das Kerzchen anzündest.«

NEIN, WALTRAUD, NEIN! Wie kann sie mir das antun? Ich hab mich schon am nächsten Mülleimer gesehen, weil ich natürlich nicht vorhatte, mir so was in die Wohnung zu stellen – und dann sagt sie diesen Satz: »Denk halt immer an mich, wenn du das Kerzchen anzündest.« Jetzt kann ich das Ding nie wieder rausschmeißen, jetzt klebt daran eine Art Geschenkefluch, denn, nur mal angenommen, ich werf' das Ding auf den Sperrmüll und kurz drauf bricht sich die Waltraud den Oberschenkelhals! Ich würde mir ewig und drei Tage Vorwürfe machen. Da kann man mir auch nicht mit Wissenschaft, Logik und Wahrscheinlichkeit kommen. Das Erste, was ich bereuen würde, wenn Waltraud stirbt, wäre doch, dass ich das Kerzchen nicht anzünden kann, um an sie zu denken.

Jetzt steht dieses Geschenk auf meinem Küchentisch und hat bis heute, genau wie die Handytasche und das Erdmännchen, jede Fahrt zur Müllkippe überlebt. Ich schaffe es einfach nicht. So als würde Gott persönlich mich bestrafen, wenn ich die gutgemeinten Geschenke meiner Verwandten nicht ehre. So als wäre das der Beweis, dass ich sie nicht liebe, wenn ich die Geschenke nicht mag. Und jeder, der zu Besuch kommt, geht lange und nachdenklich um den Küchentisch und dieses Herz und fragt irgendwann: »Katrin? Was ist das? Ein Hirn?«

13
Der Dominostein-Effekt
oder
Scheitern am Erledigen

Meditieren ist immer noch besser als rumsitzen und nichts tun. So hieß das früher. Heute gibt's dafür einen echten, neuen Fachbegriff: Prokrastinieren. Der ist so neu, dass er zum Beispiel im Fremdwörterlexikon des Bertelsmann Clubcenter-Leserings meiner Großeltern noch nicht drinsteht. Das gab's damals einfach nicht. Für meine Oma, als gelernte Trümmerfrau, ist auch Burn-out vermutlich ähnlich neumodischer Quatsch wie Emanzipation oder Fußbodenheizung. Man arbeitete in ihrer Generation gefälligst so lange, bis Deutschland wieder fertig war, und aus die Maus.

Auf die lange Bank wurde früher nix geschoben: »Was du heute kannst besorgen, das verschiebe nicht auf morgen!« Das ist quasi das Gegenteil von Prokrastinieren. Da lautet das Motto: »Was du kannst auf Dienstag schieben, lass doch gleich bis Freitag liegen!« Heute muss Deutschland ja auch nicht mehr aufgebaut werden, heute gibt's bei Tchibo jede Woche eine neue Welt.

Deswegen bin ich meine Anti-Oma. Bei mir läge Deutschland immer noch in Schutt und Asche. Ich kann so ziemlich alles prokrastinieren. Einkaufen zum Beispiel: Wenn der

Kühlschrank leer ist, kann ich mich problemlos mehrere Wochen von Konserven, Fertigsoßen und Tiefkühlfisch ernähren. Wenn nur zur Verfügung steht, was im Haus ist, bin ich in der Küche erstaunlich erfindungsreich.

Wäsche waschen ist auch ein Klassiker. Waschen kann noch besser geschoben werden als Kohldampf. In der Küche kann man Fischstäbchen mit Erbsen und Möhren und Currysoße kombinieren, im Kleiderschrank passt plötzlich das braune Kleid zur verwaschenen Jeansjacke. Das kann man kreativ nennen oder aber faul.

Ich bin auch ein großer Liebhaber der Steuerprokrastination. Ich hasse die Steuer. Nicht im Sinne von Uli Hoeneß, sondern im Sinne des bürokratischen Aufwands. Bewirtungsbelege, Tankquittungen, puh, jetzt, wo ich diese Wörter tippe, könnte ich schon wieder Pause machen ... Jeden Monat, den ich schieben kann, nehme ich deswegen dankbar an. Der Nachteil ist: Da steht die Energieschublade dann aber auch sperrangelweit auf.

Energieschubladen sind in unserem Hirn und werden mit jeder Aufgabe, die man zu erledigen hat, aufgemacht. Sie bleiben so lange offen stehen, bis die Aufgabe erledigt ist. Die ganzen offenen Schubladen kosten Energie. Stand in einem Ratgeber und leuchtete mir sofort ein. Wenn zu viele Schubladen offen sind, wird's eng im Kopf. Das sind die Momente, in denen man das Gefühl hat, die Kontrolle über sein Leben verloren zu haben. Scheißgefühl. Dann bleibe ich einfach sitzen, Stunde um Stunde, in der Hoffnung, noch etwas zu erledigen, ohne etwas tun zu müssen. Tage ohne Feierabend. Weil ich noch nichts gearbeitet habe, kann ich auch keinen Feierabend machen. Wegen dieses Scheißgefühls und weil die Oma und ihre Disziplin am Horizont winken.

Prokrastination addiert sich zu einer nicht mehr nachvollziehbaren Summe, wie die Mahngebühren für den Strafzettel, der seit Wochen im Posteingang liegt. Ich wollte doch auch den kaputten HD-Receiver austauschen, das Auto durch die Waschanlage fahren, mein Adressbuch sortieren, ein Geburtstagsgeschenk für meinen Vater zum 60. besorgen. Demnächst wird er schon 62. Ich wollte nur kurz im Internet was nachschauen und bin vier Stunden bei YouTube-Filmchen von Diktatoren hängengeblieben, die aussehen wie Katzen, oder umgekehrt. Ich wollte dieses Jahr den Sommer nutzen, und jetzt liegen schon wieder Dominosteine in den Supermärkten, ich wollte eigentlich noch so viel leben, und jetzt steht das auf meinem Grabstein ...

Komm, so schlimm wird's schon nicht sein, oder? Ich such gleich im Netz Hörbücher zum Thema Zeitmanagement, aber vorher rauchen wir noch eine, ja? Und noch einen Milchkaffee dazu, abgemacht? Aber dann schreib ich mir das wirklich auf'n Zettel, das mit den Hörbüchern, okay? Hast du das hier schon gesehen? Das T-Shirt, wo draufsteht: Procrastinators unite tomorrow! Das bestell ich mir! Aber nicht jetzt.

14
Die zitternde Seele von Frau Bauerfeind
oder
Vom Scheitern mit Schamanen

Am Ende, sagt man, bleiben die Triumphe. Man erinnert sich daran, dass Kolumbus Amerika entdeckt hat, nicht daran, dass er eigentlich nach Indien wollte. Man erinnert sich an Robert de Niro in *Taxi Driver*, nicht in *Meet the Fockers* II.

Einem selbst bleibt aber oft das Scheitern mehr im Gedächtnis. Wie peinlich man einmal im Sportunterricht vom Schwebebalken gefallen ist, ist präsenter als all die Male, als man beim Völkerball glänzte. Zig durchgetanzte Abende in etlichen Clubs verblassen gegen das eine Mal, als man nicht am Türsteher vorbeikam. Dutzende unfallfrei moderierter Sendungen sind nichts gegen einmal *3 nach 9*.

Rückblende. Ich bin plötzlich eine Freundin des Hauses, obwohl mir das Haus bis dato unbekannt ist. Ich soll *3 nach 9* moderieren, hat man mir am Telefon gesagt. Die Oma unter den Talkshows. Eine Ehre ist das, da bin ich gerne Freundin. Im Prinzip. Es gibt Angebote, bei denen man im Voraus weiß, dass man sie nicht annehmen sollte (Moderation zum Mitarbeiter des Monats, egal welcher Firma, Podiumsdiskussion zum Thema Wachstumspotentiale, egal, welche Branche), und es gibt Angebote, bei denen man ahnt, dass man absagen sollte, aber trotzdem zusagt. Sie versprechen viel Geld, bis man merkt, dass Kontoauszüge keine Tränen trocknen.

3 nach 9 verspricht kein Geld, aber einen festen Sendeplatz, einen nächsten Karriereschritt. Die innere Stimme rät dennoch zum Absagen. Zu früh, du bist noch nicht so weit, sagt die innere Stimme. Die äußeren Stimmen raten zum genauen Gegenteil. Kollegen und Freunde sagen einhellig: »Bist du bescheuert? Natürlich musst du das machen! Ich warte seit Jahren, dass die mich mal fragen, wer weiß, ob die dich noch mal fragen, wer weiß, ob du überhaupt jemals wieder für irgendwas anderes gefragt wirst ... dein Leben ist offiziell am Arsch, wenn du das absagst!« Die Branche ist hysterischer als Carmen Geiss, und das steckt mich natürlich an. Es ist wie früher, als man dachte, man stirbt, wenn man nicht von Donnerstag bis Samstag feiern war. Man könnte ja den besten Abend seines Lebens verpassen!

Das letzte Mal, als ich nicht auf meine innere Stimme hörte, stand ich wenig später auf der Berlinale-Bühne und las am nächsten Tag im *Tagesspiegel*: »Katrin Bauerfeind moderierte fehlerfrei, aber uninspiriert!«

Das Schlimme war, es stimmte. Ich hätte es sogar dem Journalisten noch während der Veranstaltung selbst in den Block diktieren können. Dabei war mehr gutgegangen als gedacht. Gedacht hatte ich nämlich: Mir wird beim Betreten der Bühne der Absatz abkrachen, daraufhin werde ich mit der Absatzruine am Kleid hängen bleiben, anschließend werde ich umfallen, wobei ich meine Unterwäsche freilege und mit dem Auge im Mikro hängen bleibe, was aber weiterhin funktioniert, so dass alle im Saal und an den

Fernsehern meine einzigen Worte bei dieser Veranstaltung hören: »Verfickte Scheiße ...«

Gemessen daran, war alles erstaunlich gut gelaufen. Ich hatte als Anfängerin, als Moderationsazubine, vor 1700 wichtigen Leuten aus der Filmbranche plus fast Quentin Tarantino und den Rolling Stones in echt, fehlerfrei moderiert. Fehlerfrei, aber eben uninspiriert. Ich hatte nicht gestottert, weder auf Deutsch noch auf Englisch, und fühlte mich trotzdem wie ein Versager. Da hatten wir andere Erwartungen, Fräulein Bauerfeind!

Trotzdem habe ich *3 nach 9* zugesagt. Oder deswegen. Vielleicht wollte ich mir selbst beweisen, dass ich kein Versager war, sondern verdiente »Freundin des Hauses«. Ich fuhr also nach Bremen, sprach in vielen Sitzungen über die Gäste, bekam Dossiers und Fragenvorschläge und frickelte selbst immer wieder alles von vorne. Am Ende dachte ich, ich sei tippitoppi vorbereitet.

Mein erster Gast war eine Frau, die sich jeweils ein halbes Jahr auf eine Alm zurückzieht und sich in der Einsamkeit der Berge von ihrem anderen Halbjahresjob erholt, wegen Stress, Hektik, Hamsterrad und dem ganzen Zeug. Sie hatte ein Buch darüber geschrieben, das ich SELBSTVERSTÄNDLICH gelesen hatte, es soll mir keiner vorwerfen können, ich wäre keine Strebermaus. Meine naheliegende Frage: »Was hat Sie denn an Ihrem Alltag gestört, weswegen wollten Sie auf die Alm?«, beantwortete sie sinngemäß mit: »Ach, eigentlich hat mich gar nichts gestört ...«

Ich dachte: Wahnsinn, jetzt hat die Alte echt vergessen, was sie in ihrem Buch geschrieben hat, und schon war das Gespräch versaut. So ging es weiter. Ich war die Kommissarin, sie meine Augenzeugin, die sich an nichts erinnern konnte.

»Sie hatten doch dieses Schwein Piggy ...«
»Nein.«
»Doch!«
»Das Schwein hieß Lupi ...«

Ich setzte meine gesamte Hoffnung in meinen nächsten Talkgast. Ein Schamane. Der war schon mal zu Gast gewesen und hatte damals Amelie Fried massiert. Die war hinterher absolut entspannt, hieß es aus der Redaktion. War eine super Sendung damals. Jetzt war er unterwegs mit seinem neuen Buch, denn er hatte herausgefunden, dass die Seelen der Menschen im Westen zittern, denn wir Westmenschen haben vor allem Angst.

Der Mann hatte einen lustigen bunten Hut auf, mit einer Antenne dran, und einen Anzug aus Tuch passend zum Hut, was ihn total glaubwürdig machte. Der Schamane hatte auch eine Laubsägearbeit dabei, die er ein paar Minuten lang ins Bild hielt. So jemanden will man ja nicht rüde unterbrechen, wenn er grade vom Leid seines Volkes und der ganzen Armut erzählt und währenddessen eine Laubsägearbeit hochhält, auf der wahrscheinlich auch eine Kontonummer steht. Kommt sicher nicht gut an, wenn man dann sagt: »Gut, Herr Schamane, aber das interessiert unsere Zuschauer ja nicht ...« So dachte ich und sagte deswegen, wie verabredet: »Sie sagen ja, dass die westliche Seele zittert ...«

Ich weiß nicht mehr, ob ich ihn gebeten habe, herauszufinden, ob meine Seele auch zittert, oder ob es ihm selbst ein Anliegen war, jedenfalls stand er auf, kam zu mir und suchte meine Seele. Ich hatte leider im Vorfeld vergessen zu fragen, wo sie sich befindet, deswegen erfuhr ich es live vor laufenden Kameras. Er griff mir nämlich mit einer Hand an den Rücken und mit der anderen zwischen die Brüste. Er fummelte sich von links nach rechts. Schockstarre bei mir. Ich sah meine Seele zittern, live. Ich sah vor meinem geistigen Auge meine Eltern, die zu Hause vermutlich fassungslos vor dem Fernseher saßen. Ich sah vor meinen richtigen Augen das Gesicht von Giovanni di Lorenzo und den Hut mit Antenne. Im Studio kein Mucks. Was ich auch zu fragen vergessen hatte, war, wie lange es im Schnitt dauert, bis man so eine Seele gefunden hat. Schnell war es nicht. Nach sehr langen Minuten sagte der weise Mann: »Seele gefunden. Zittert. Du hast Angst.« Hm, dachte ich, oder um es in den Worten meines Vaters zu sagen: »Dass du aufgregt bisch, des hätt ich dir au sage könne!«

»Katrin Bauerfeind enttäuscht als Talkshow-Moderatorin« stand am nächsten Tag in der Zeitung, was schon klar war, während der Schamane noch meine Seele suchte. Gescheitert, aua, weitermachen. Und beim nächsten Mal auf jeden Fall auf die innere Stimme hören!

15
Intensive Stationen
oder
Fernsehen ist jetzt Blumenkohl

Ich wollte immer ins Fernsehen, aber ich hab es mir anders vorgestellt. Als ich da hinwollte, waren Leute im Fernsehen noch Superstars oder zumindest Stars. Fernsehmenschen waren außergewöhnlich. Wenn irgendwo eine Kamera aufgebaut wurde, versammelten sich Passanten darum, wie die Waltons um das Radio. Wenn normale Leute im Fernsehen befragt wurden, nahmen sie Haltung an, bemühten sich, Hochdeutsch zu sprechen oder das, was sie dafür hielten. Fernsehen hatte eine gewisse Magie. Durch die Privatsender war Leben in die Bude gekommen. RTL zeigte nackte Brüste und Moderatoren, die sich mit Torten bewarfen. Rock 'n' Roll war tot und wurde vom Fernsehen beerbt.

Heute ist auch das Fernsehen tot. Zumindest liegt es auf der Intensivstation. Heute hat jeder eine Kamera im Handy. Katastrophen werden erst mal gefilmt, bevor man Hilfe holt. Kennedys Attentat wäre heute verewigt auf zigtausend Smartphones. Selbst Omas Crash mit dem Rollator bringt locker 150 Euro bei *Upps die Pannenshow*. Wenn Kevin keine Lehrstelle bekommt, kann er sich immer noch beim Fernsehen durchschlagen. Kevin kann bei *Familien im*

Brennpunkt Marvin spielen, einen Jugendlichen, der keine Lehrstelle bekommt. Talent ist wurscht, Hauptsache er hat Zeit. Fernsehen war früher ein Ereignis und ist heute egal. Außer wenn Fußball ist.

Früher, im Wohnzimmer meiner Eltern, dachte ich, Fernsehen sei der beste Platz auf der Welt, der Ort, an dem es keine Probleme gibt. Alle Menschen im Fernsehen waren immer fröhlich. Also mussten die da sehr glücklich sein, im Fernsehen. Heute weiß ich, dass das die Zeit ist, in der die Kamera läuft. Es gibt aber auch immer die Zeit davor und danach.

Fernsehen ist, ähnlich wie die Bahn oder die Politik, ideal, um sich darüber aufzuregen. Es kommt eh nur noch Mist, motzen die, die gucken, und die, die machen, motzen über die, die gucken, über den Quotendruck, das fehlende Geld, die fehlende Zeit, die Verwaltungsapparate und sowieso. Man kann ganze Wochenenden mit Kollegen zubringen und sich gegenseitig in den Irrsinn quatschen. Meine Lieblingsgeschichte für solche Gespräche geht so:

Bei einem großen Sender in Deutschland wird für ein politisches Nachrichtenmagazin ein Beitrag über die Hisbollah gemacht, mit Bewegtbildern aus dem Internet.

Eine halbe Stunde vor der Sendung ruft der Bilderdienst an. (Anm.: Dialekt ist frei gewählt und lässt keine Rückschlüsse auf den Standort des Senders zu!)

»Ja, Herr Maier, Sie habbe do an Beitrach gemacht, un da habbe mir jetz a Problem midde Bildrechde, die habba Sie net geglärt. Hörase, wer is des do, auf denne Bildä?«

»Die Hisbollah!«

»Gut, passe Se auf, rufa Sie amol an bei der Hissbollah und klära Sie des mit denne Bildrechde. Sonst könnama den Beitrach leida net zeicha. Sin Sie so gud, mache Se des?«

»Die Hisbollah anrufen?«

»Höra Se, mir wolla Ihne ja kaine Steine in da Wech lecha, mir brauchet halt einfach was Schriftliches von der His...dings, damit wir do rechtlich fein raus sin. Sie wissa ja, wie's läufd! Vielleischt bieta Sie dene auch einfach an symbolischa Betrach von einem Euro an, wenn die sich drauf einlassa, dann simme alle aus'm Schneida, Herr Maier?!«

An solchen Episoden wird dann gerne mal das gesamte Leid der Fernsehbranche festgemacht. Wie soll man da gutes Fernsehen machen? Und diese Geschichte ist ja nur der eine Sack Reis, der täglich zu Tausenden beim Fernsehen umfällt.

Heute ist es nicht mehr so, dass im Fernsehen alle schön aussehen, ständig Party machen, das Geld in Schubkarren nach Hause fahren und immer weiter wildes Zeug trinken und rauchen.

Was müssen das früher für Zeiten gewesen sein, als es in Redaktionskonferenzen morgens um zehn noch Kaffee UND Alkohol gab?! Alles vorbei. Kenne ich nur noch vom Hörensagen. Heute tobt der Wahnsinn angeblich im Internet. Oder bei den Leuten, die sich Online-Spiele ausdenken. Montags wird ein Wurzelimperium programmiert, bei dem gelangweilte Sekretärinnen im Büro virtuellen Blumenkohl pflanzen können, und mittwochs kommt Google und kauft den ganzen Bums für zwei Milliarden.

Modebloggerin geht auch noch. Fernsehtussi dagegen ist praktisch schon eins unter Schmuckdesignerin. Immer, immer hänge ich meiner Zeit hinterher. Wetten, dass ich in fünf Jahren anfange, bei YouTube Schminktipps hochzuladen. Wenn es so weit ist, wissen Sie, dass dann auch das Internet tot ist.

16
Der 3sat-Kreisverkehr

Ich bin einfach zu spät geboren. Dreißig Jahre früher, und ich wäre jetzt durch, karrieretechnisch. Wer damals eine eigene Sendung im Fernsehen hatte, war ein Star. Gut, damals galt selbst Banker noch als seriöser Beruf, aber trotzdem: Wer im Fernsehen war, war was. Selbst Ansagerinnen waren Stars. Den Jüngeren muss man das erklären: Ansagerinnen waren so was wie Siri fürs TV-Programm. Eine Art menschliche Webseite, die einem sagt, was gleich kommt. Das gab's wirklich. Und ja, das waren Stars.

Heute ist jeder im Fernsehen. Die Frau hinter der Käsetheke war vor drei Staffeln wahrscheinlich Vierte bei *DSDS* und würde nur müde in den Gouda gähnen, wenn ich mit »meiner eigenen« Sendung auf 3sat prahlen würde. Mache ich natürlich nicht. Bei den meisten Partys sag ich, ich bin Hausfrau. Oder Schmuckdesignerin oder arbeite mit behinderten Kindern.

Fernsehen ist so wie Scientology oder FDP. Keiner gibt gerne zu, dass er dabei ist. Und wenn, dann nur mit dem Zusatz: »Privat gucke ich gar kein Fernsehen!« Man trifft selten Metzger, die sagen »Privat bin ich ja Vegetarier«, aber in meiner Branche will man mit der Branche gerne nichts zu tun haben. Fernsehen wird zunehmend so was wie ein mediales Brandenburg.

Ich bemerke den Status, den diese seltsame Branche und ich haben, schon an den Hotels, in die man mich bucht: Heute bin ich 59 Euro wert. Ohne Frühstück. Es ist die türkise Pseudo-Design-Einheitshotelhölle Motel One. Diese Hotelkette ist ja relativ neu, also steht sie überall, wo noch Platz war, und Platz war meistens nicht in den besten Lagen. Auch nicht in Berlin.

Motel-One-Zimmer sehen so aus, als wäre der Designer früh auf der Designschule sitzengeblieben. Wie der Geschmack von Red Bull als Möbel. Es sind Räume, bei denen man ahnt, warum Rockstars früher immer ihre Hotelzimmer verwüstet haben. Motel-One-Zimmer würden durch Verwüstung in jedem Fall gewinnen. Leider bin ich kein Rockstar. Ich bin bloß 3sat. Das berechtigt einen nicht mal zu einer Beschwerde. »Gottchen, die feine Dame! Was glaubt sie denn, wer sie ist ... Karin Bauernfeind, nie gehört. Die kann doch wohl in einem Motel One schlafen.«

Nein, kann ich leider nicht. Es ist mein erstes Motel One, in Berlin umgeben von Ostbunkern und direkt hinter einem Kreisverkehr. Alle Gäste können sich gegenseitig in die Zimmer gucken. Eine Art Facebook zum Wohnen, wo jeder jedem bei allem zusehen kann. Kann ja manchmal auch ganz spannend sein. Als ich in Prag war, wohnte ein Mann gegenüber, bestimmt schon um die 70, der jede Nacht um drei Uhr das Licht in der gesamten Wohnung anknipste, seinen Schlafanzug auszog, sich nackt in die Küche setzte und einen Kaffee trank. Nach dem Kaffee ging er noch ein wenig in der Wohnung spazieren, immer weiter nackt, zog den Schlafanzug wieder an und ging zurück ins Bett.

Mein Zimmer in Berlin ist zur Straßenseite und damit auch zum Kreisel. Das Phänomen Kreisel wird mir erst hier richtig klar. Bei Einfahrt in den Kreisel wird gebremst und bei Ausfahrt aus dem Kreisel beschleunigt. Maximale Beschleunigung – exakt vor meinem Fenster. Übersetzt: LAUTLAUTLAUT! Das Fenster bleibt also zu. Zudem sind, ebenfalls genau vor meinem Fenster, beidseitig der vierspurigen Hauptverkehrsstraße zwei Bushaltestellen. Was ich im Laufe der Nacht mitbekomme: Sämtliche Nachtlinien Berlins fahren anscheinend diese beiden Bushaltestellen an, brummen minutenlang vor sich hin und lassen genau vor meinem Fenster partyhungrige Jugendliche raus, die sich in der irrigen Annahme, dass der Abend lustiger wird, wenn man alles, was man sich zu sagen hat, wiederholt zugrölt, alles, was sie sich zu sagen haben, wiederholt zugrölen.

Das Fenster ist zu, es ist trotzdem LAUT, und im Zimmer ist es heiß. Unerträglich heiß. Ich stehe auf und suche die Klimaanlage. Es gibt keine. Das Fenster aufmachen kommt akustisch nicht in Frage. Zwei Stunden wälze ich mich, versuche mir die Decke in die Ohren zu stopfen, bis mir zu heiß wird. In vier Stunden klingelt der Wecker, es ist jetzt schon zu spät, um morgen fit zu sein.

Außerdem, wenn ich jetzt einschlafe, kann es sein, dass ich verschlafe, und einen Wake-up-Call machen die hier nicht. Es gibt noch nicht einmal ein Telefon auf dem Zimmer. Ich habe Durst und suche die Minibar. Es gibt keine. Im Bad stehen zwei Plastikbecher, die in Plastiktüten eingeschweißt sind. Gut, dann eben Leitungswasser. Ich versuche aus Rache so viel Leitungswasser zu trinken, dass es denen bei der nächsten Leitungswasserabrechnung weh tut.

Als ich wieder im Bett liege, bin ich so wütend, dass an Schlaf eh nicht mehr zu denken ist. Ich überlege, ob ich jemanden anrufen kann. Den Veranstalter zum Beispiel, der nur 59 Euro für mich ausgeben will. Ich würde ihm gern ein paar Worte sagen, die normalerweise nie bei 3sat zum Einsatz kommen. Sie fangen teilweise mit H an, und hören mit urensohn auf. Leider habe ich keine Nummer.

Ich bin so wütend, dass ich die Rezeption anrufen will, um zu sagen, dass ich wütend bin. Aber leider gibt es ja kein Telefon – wahrscheinlich genau aus diesem Grund.

Ich nehme mir vor: nie wieder Motel One. Vielleicht muss ich dafür umschulen. Mit dem Fernsehen geht's ja zusehends bergab. Wenn ich dabeibleibe, schlafe ich in zehn Jahren wahrscheinlich im Auto – falls ich dann noch eins habe.

17
Blasenschwach und ungeschminkt
oder
Scheitern mit Promistatus

Berühmt ist man erst, wenn man stirbt und anschließend das Fernsehprogramm geändert wird. Oder wenn man zu Lebzeiten eine eigene Briefmarke bekommt.

Bei 3sat ist man praktisch automatisch nicht berühmt. Man ist nicht mal bekannt. Ich werde hin und wieder zwar von Leuten angesprochen, aber die meisten davon verwechseln mich mit irgendeiner anderen Frau aus dem Fernsehen. (»Guck mal, Mutti, die Mildred Illgner!«) Fernsehfrauen sind für die meisten Deutschen offenbar so wie Chinesen und sehen alle gleich aus. Ich will ja eigentlich auch gar nicht berühmt sein. Wobei ...

Vorteil des Nichtberühmtseins:
Ich kann in der ältesten Hose meines Freundes zum Zigarettenholen an den Kiosk, ohne Angst, am nächsten Tag in der »Hot or not«-Rubrik von *BILD der Frau* zu stehen. Unter »not«.

Vorteil des Berühmtseins:
Designer schicken einem kistenweise geile Klamotten für umsonst in der Hoffnung, dass man das Zeug auf dem roten Teppich für irgendein Flutopfer-Benefiz anzieht. Diese Neukleidersammlung ist ein echter Vorteil. Im Augenblick spreche ich ab und zu verschämt Modemenschen an (ich bin halt Schwäbin), aber die Aussicht, dass sie ihr Zeug für drei Minuten bei der Eröffnung der neuen Düsseldorfer Opernsaison in der *Kulturzeit* sehen, reicht den meisten nicht. Im Gegenteil: Viele haben den Gesichtsausdruck, ich möge bitte was anderes anziehen, schließlich machen sie Mode für Jüngere …

Vorteile des Nichtberühmtseins:
Man kann sich überall locker danebenbenehmen. Einfach mal mehr als drei Teile mit in die Umkleide nehmen. Nach dem Essen mit den Fingern in den Zähnen pulen. Eiswürfel für den Wein bestellen und Ketchup für das Entrecôte und nach dem Dessert den obersten Knopf an der Hose aufmachen …

Vorteile des Berühmtseins:
Man bekommt überall einen Tisch. Selbst wenn alles voll ist. Ich hab in Los Angeles mal gesehen, dass ein ganzer Laden geschlossen wurde, weil Paris Hilton da einkaufen wollte. Selbst Roberto Blanco saß eine Zeitlang bei jedem wichtigen Tennisspiel auf den besten Plätzen. Nicht, dass ich mich sonderlich für Tennis interessierte, aber sich am Samstag zu überlegen, dass man Sonntag gerne zum Wimbledon-Endspiel gehen würde, und es klappt, ist schon geil…

Vorteil des Nichtberühmtseins:
Sollte ich in eine Klinik eingewiesen werden, weil ich Alkoholiker bin, sexsüchtig, essgestört und outgeburnt, steht nicht eine Stunde später Frauke Ludowig mit ihrer Botoxmaske und einem Kamerateam vor der Tür, um zu fragen, wie es mir geht ...

Vorteil des Berühmtseins:
Wenn ich zu schnell zu betrunken gefahren bin und ein Polizist mich anhält, nimmt er mir nicht zweihundert Euro oder den Lappen weg, sondern sagt nervös zu mir: »Können Sie mir ein Autogramm auf die Pustemaschine schreiben?«, die er ab da nie wieder benutzen wird, weil mein berühmter Atem mit 1,9 Promille für immer darin gefangen ist ...

Vorteil des Nichtberühmtseins:
Ich kann locker Steuern hinterziehen, mir Koks und Nutten bestellen oder eine Armada von Lausejungs haben, ohne dass es in der *GALA* steht. Andererseits bin ich eine Frau und Schwäbin und mache das alles sowieso nicht ...

Vorteil des Berühmtseins:
Junge Mädchen machen meinen Look nach. Ich saß neulich beim Friseur, und ein schüchternes Teenagermädchen hatte einen Ausriss von Miley Cyrus in der Hand und wollte gern so aussehen. Das ist jetzt noch nicht per se ein Vorteil, aber es würde mir helfen, wenn ich mal wieder vom Friseur komme und magentafarbene Haare habe. Dann ist das kein Unfall mehr, sondern einfach ein neuer Trend.

Vorteil des Nichtberühmtseins:
Man kann locker Sexfilmchen machen ohne die Angst, dass das Ding am nächsten Tag für teuer Geld im Netz steht. Andererseits würde ich sowieso nie Sexfilmchen machen. Ich mag mich nicht im Fernsehen sehen. Ich sehe immer, wo die Maske geschlunzt hat, wo die Haare nicht gut lagen, wo ich Fehler gemacht habe oder der Text nicht stimmt …

Vorteil des Berühmtseins:
Man hat extrem viele Freunde. Ganz viele Menschen sind ganz, ganz nett zu einem. Selbst Menschen, die einen früher nachweislich extrem beknackt fanden, wollen auf einmal neben einem stehen und sich unterhalten.

Nachteil des Berühmtseins:
Man hat schlagartig keine Freunde mehr, wenn man nicht mehr berühmt ist.

Nachteil des Berühmtseins:
Jeder hat eine Meinung über dich. Man hält den lila BH für farblich unpassend zum grünen Top, man mag deine Haare nicht, man fand dich früher besser oder noch nie gut, man denkt, es ist scheiße, was du sagst und wie du es sagst. Man denkt, du müsstest mal ordentlich durchgenudelt werden oder dass du der beste Beweis gegen Fernsehgebühren bist. Man denkt es nicht nur, man schreibt es auch ins Internet.

Nachteil des Nichtberühmtseins:
Was du machst oder nicht, interessiert kein Schwein. Auch wenn es echt super ist, was du machst. Weil sonst

niemand ein Foto von dir macht, fotografierst du dich selbst. Und das Essen beim Italiener oder wie du mal im Ausland warst, und stellst es hinterher selbst ins Internet!

Vorteil des Berühmtseins:
Man kann lustige Sachen anziehen. Es gehört ja zum Job. Thomas Gottschalk hätte in seinen Outfits keine Woche in einer Lohnbuchhaltung überlebt. Lady Gaga könnte nicht im Fleischfummel hinter der Käsetheke stehen.

Nachteil des Berühmtseins:
Man muss zu allem eine Meinung haben. Man braucht zum Beispiel Antworten auf die Frage: Sollte es eine Frauenquote geben? Wen wählen Sie? Was ist Ihr Lieblingsessen? Haben Sie einen Freund? Wie ist es, in einem Film mitzuspielen? Sind Sie eine gute Verliererin? Wie bereiten Sie sich auf eine Oper vor? Was macht ein gutes Interview aus? Hat sich das Fernsehen verändert? Fühlen Sie sich mit 30 anders als mit 29? Finden Sie, Ego-Shooter sollten abgeschafft werden? Raten Sie jungen Menschen zur Altersvorsorge? Wie wird man Moderatorin? Was haben Sie gemacht, als die Mauer fiel? Was ist an Ihnen durchschnittlich? Wie macht man richtig Spätzle? Wollen Sie Kinder?

Mein Status ist irgendwie ziemlich genau in der Mitte. Und das ist richtig blöd. Halbprominent bedeutet, dass du dir nie sicher sein kannst, ob du erkannt wirst und vor allem, wobei. Sämtliche Vorteile des Berühmtseins hingegen entfallen.

Ich kriege nie einen Platz in einem ausgebuchten Restaurant, gehe aber sicherheitshalber nicht mehr nackt in die Sauna. Ich war auch früher nie nackt in der Sauna, aber jetzt kann ich's auf gar keinen Fall mehr. Schon wenn man angezogen ist, höre ich hin und wieder: »Mein Gott, Sie sehen im Fernsehen aber auch besser aus.« Ich fürchte, den Satz: »Mein Gott, Sie sehen angezogen aber auch besser aus«, würde ich an labilen Tagen nicht gut verkraften.

Das Schlimmste ist, wenn man erkannt wird, während man sich unerkannt fühlt. Passierte mir neulich in einem Törtchen-Café. Eine Stunde lang war ich der einzige Gast, mampfte Törtchen, hatte Milchschaum im Gesicht, las – aus Recherchegründen!!! – ein Buch über Inkontinenz, und popelte in der Nase... Ich verhielt mich in diesem Café so wie ein Durchschnittsmann an einer roten Ampel. Beim Zahlen sagt der Typ an der Kasse: »Ich wusste gar nicht, dass Sie Querflöte spielen!«

Hatte er irgendwo im Internet gesehen. Der Subtext hieß: ›Ich fand Sie bislang eigentlich sehr interessant, aber jetzt hab ich gesehen, wie Sie Kuchen essen, und weiß, dass Sie ein Problem mit Blasenschwäche haben.‹ Natürlich wird er es rumerzählen und auf Facebook posten, und morgen ruft Frank Plasberg an und lädt mich als Betroffene ein zum Thema Bettnässer.

Vor zwei Jahren war ich in einem Schottland-Gruppenurlaub, der mich mehr gestresst hat als die Scheidung meiner Eltern.

Ich lag in Zelten. Und wenn ich nicht in Zelten lag, lag ich in schimmeligen Jugendherbergen und traute mich nicht zu atmen. Ich lag da, weil die Reisegruppe Kosten sparen wollte. Viererzelt, Viererzimmer.

Nach fünf Tagen hatte ich kaum geschlafen, konnte dafür aber die Schlafgeräusche meiner Reisegruppe perfekt imitieren. Auf der letzten Etappe dieser Reise standen wir in Pitlochry, dem Baden-Baden von Schottland, in einem B & B. Ich hatte mich nach den ganzen Strapazen geweigert, mich noch mal in ein Zelt zu legen.

Ich sah ungefähr so aus: Fettmatte statt Haaren, Stresspickel von Schimmel, Zelt und zu viel Nähe zu Menschen, die ich zwar tagsüber mag, die ich nachts aber lieber hinter einer Wand weiß. Die Pickel verteilten sich auf ausschließlich einer Gesichtshälfte, der rechten. Zum Ausgleich war ich ungeschminkt und trug einen verwaschenen gelben Pulli mit Zahnpasta- und Kaffeeflecken. Dazu eine blaue Jogginghose und meine Wanderschuhe, die mir immer peinlich sind, weil die aussehen, als wollte ich Männerfüße verstecken. Was stimmt. Mit diesen Wanderschuhen lässt sich gar nichts mehr schönreden. Es war: ein brutales Outfit.

In diesem B&B stand Andy, wie er sich vorstellte. Also eigentlich Andi aus Freiburg, der »keinen Bock mehr auf Deutschland« hatte und deswegen »jetzt mal ein Jahr raus« war.

Andy war voll nett, »wir Deutschen müssen doch auch im Ausland zusammenhalten«, nahm alle unsere Daten auf, verlangte Personalausweise, schrieb alles Mögliche ab, machte trotzdem noch Kopien, smalltalkte herum und verteilte dann endlich die Zimmerschlüssel.

Und ganz am Ende, ich hatte den Schlüssel schon in der Hand, sagte er: »Und wie isses eigentlich, in Schottland nicht erkannt zu werden?«

Ich werde nie rot, aber in diesem Fall war es mit Sicherheit dunkle Kirsche. Ich gehe seitdem, ungelogen seitdem, nicht mehr ungeschminkt aus dem Haus. Man weiß nie, wo der nächste Andy lauert.

18
Diagramme und Torten
oder
Scheitern an Marktforschung

Ein Konferenzraum in Berlin. Die iPhone-Dichte liegt bei 100 Prozent. Die Klimaanlage verteilt künstliche Luft und echte Viren. Es gibt Häppchen und PowerPoint. Es geht um meine Zukunft beziehungsweise um eine mögliche Sendung für mich.

»Es gibt da eine Marktanalyse«, lautet der Satz, mit dem begründet wird, warum dies nicht geht und jenes nicht möglich ist. Meine Eltern begründeten ihre Absagen an mich noch mit »Weil ich das sage!«, beim Fernsehen heißt es »Wir haben da eine Marktanalyse gemacht«, dann folgen Balken und Tortendiagramme und die Quintessenz: »Der Zuschauer will das nicht!«

Schnitt. Tante Margot wird 60. Wessen Tante Tante Margot ist, weiß ich nicht, es ist halt Tante Margot, irgendwie mit uns verwandt, und wir fahren hin, weil die Oma findet, »da müssen wir schon hin«. Es gibt das volle Programm mit Mittagessen, rumsitzen, Kaffee und Kuchen, rumsitzen, Abendessen und rumsitzen. Früher fand ich rumsitzen super. Selbst mit der Verwandtschaft, also Menschen, die man sich freiwillig natürlich nicht zum gemeinsamen Rumsitzen aussuchen würde. Rumsitzen war Luxus. Heute hasse ich Rumsitzen. Vor allem das Rumsitzen mit der weitläufigen Verwandtschaft, die hauptsächlich aus Tante Margots besteht.

Trotzdem bin ich meiner Oma zuliebe von Berlin nach Stuttgart geflogen, um den Samstag in einem schwäbischen Kaff zu verbringen, dessen Namen noch nie jemand gehört hat, der da nicht wohnt. Das »Dorf« besteht aus vier Bauernhöfen und dem Gasthof »Zur Linde«. In vier von vier Bauernhöfen lebt meine Verwandtschaft, die keine Ahnung hat, wer ich bin »... äh ... Irmtraud ... nee, des is doch ... Carmen von der Irrm ... äh, Tina, nee ... ahhh, die Katrin ... Kinder, wie die Zeit vergeht!«

Während ich in der »Linde« wie ein Vorführmodell stehe, bricht zwischen meiner Oma und den Tanten ein Contest aus, wie man ihn Frauen in fortgeschrittenem Alter nicht zugetraut hätte. Tante Margot preist ihre Urenkelkinder an wie die Moderatorin vom Shoppingkanal ein Pfannenset. Meine Oma würde das Enkel-Pfannenset sofort kaufen, denn: »Meine Enkel kriegen ja gar nichts hin, was Kinder angeht«, so als stünde ich als ihre Enkelin nicht daneben und so als wäre Omas Leben die Blaupause für meines, wo Erfolg daran gemessen wird, wie viele Kinder man bis zum 30. Lebensjahr bekommen hat.

Dann zieht die Oma mich am Ärmel und sagt zur Tante: »Die Katrin ist beim Fernsehen!« Die stolze Uroma Tante Margot ist kurz baff!

»Bei welchem Sender denn?«, will sie wissen.

Ich hole grade Luft, aber die Antwort kommt von meiner Oma: »Beim Sat3!«

»3sat, Oma!«

»Ja, beim 3sat«, korrigiert sich die Oma genervt: »Das ist doch das Gleiche!«

»Ah«, sagt die Tante wieder »wo isch'n des auf d'r Fernbedienung?«

»Mensch, 3sat«, jetzt die Oma wieder, als wäre Tante Margot geholfen, wenn sie es nur oft genug wiederholt.

»Ja, was macht sie denn da?«, fragt die Tante. Jetzt ist es ganz offensichtlich: Ob ich hier stehe oder peng!

»Ha, sie moderiert!«, sagt die Oma energisch, und man merkt, dass das Gespräch gar nicht so läuft, wie sie es sich vorgestellt hat.

»Ja klar, sie kommt grad aus Berlin, isch hergfloga bis Stuttgart«, plappert die Oma.

Und tatsächlich: Das sitzt! Die Tante guckt mich nach gefühlten drei Minuten wieder an, blickt zwischen der Oma und mir hin und her, nickt anerkennend mit dem Kopf und sagt bedeutungsschwanger: »BERLIN ...« Pause »Da sin mir no' nie g'wesa.«

Sat3 hin oder her, die Kombination Berlin, Flugzeug, Stuttgart scheint den gewünschten Effekt zu haben. Von Berlin, wo noch nie jemand war, mit einem Flugzeug nach Stuttgart zu fliegen, um jetzt in der »Linde« zu stehen, findet sie enorm. Als moderne Miles-and-More-Trulla finde ich es wiederum enorm, dass man das enorm finden kann. Meine Oma scheint sich mit dem Versuch, mich anzupreisen, sogar selbst überzeugt zu haben. Jetzt scheint auch sie zu glauben, dass ich irgendwie wichtig sein muss.

Der Rest der Vorstellungsrunde läuft ab da immer gleich ab: »Das ist die Katrin von der Irmtraud, die kommt grade aus Berlin!« Mehr will keiner wissen. Meine Anreise bringt mir überall anerkennendes Kopfwackel, die einzige Nachfrage maximal: »Wie isch'n Berlin so?«

Die iPhone-Dichte liegt hier bei einem Prozent (ich), es gibt keine Häppchen, sondern der Teller wird ordentlich vollgeschaufelt, von Size zero sind alle anwesenden Frauen so weit entfernt wie Berlin von der »Linde«, und allen läuft der Schweiß, denn es ist Sommer, und das Klima wird hier nicht von einer Anlage gemacht, sondern vom Wetter.

Irgendwann kommt dann doch die Rede aufs Fernsehen. »Wir gucken ja wenig, wir sind doch immer im Stall!« Gemeint ist tatsächlich ein echter, wirklicher Stall mit Tieren drin. Meine Sendung hat noch nie einer gesehen.

Harald Schmidt? »Dass der immer noch so viel raucht!«
»Nee, das ist Helmut Schmidt.«
»Ach, der lebt noch?«

Hier wird gerade Samuel Beckett improvisiert, ist mein Gefühl. Irgendeine Tante erwähnt Florian Silbereisen, und kollektiv schütteln alle die Köpfe: »Nee, furchtbar«, aber: »Ich guck ganz gern diese beiden ... Jockel und Klaus.« Jetzt nicken ein paar.

Es dauert ein Weilchen, bis ich verstehe, dass sich Tante Margot für Joko und Klaas erwärmt. So nette junge Männer sieht man im Dorf ja nie. Insgesamt drei von zwölf Tanten haben das schon mal gesehen. Das ist ein Marktanteil von 25 Prozent!

Da sitzt er also, der Zuschauer, dieses Mal nicht als PowerPoint und Balkendiagramm, sondern als Tante Margot. Und er, also sie, verhält sich kein Stück so, wie sie es laut Marktforschung tun sollte. Tante Margot hat unter ihrer Dauerwelle einfach einen eigenen Kopf.

Ich glaube, Tante Margot aus der »Linde« ist repräsentativ. Ich glaube, zum nächsten Meeting nehme ich Tante Margot mit. Wer weiß, wie dann die Zukunft meiner Sendung aussieht.

19
Fast die schönste Frau der Welt –
Über zweifelhafte Erfolge

Erfolge im Leben sind Definitionssache. Während der eine die Silbermedaille bei den Olympischen Spielen als Niederlage empfindet, ist für den anderen die Ehrenurkunde bei den Bundesjugendspielen ein echter Triumph. Ich wurde in der fünften Klasse zur Klassensprecherin gewählt, mit einem furiosen Vorsprung von vier Strichen. Unter Jubel nahm ich die Wahl an. Meine Eltern waren stolz auf die Beliebtheit ihrer Tochter, in keinem Telefonat mit der Verwandtschaft wurden die *breaking news* verschwiegen: »Katrin ist jetzt Klassensprecherin!«

Nach zwei Wochen gab es während einer Biologiestunde hinter meinem Rücken eine geheime Unterschriftenaktion. So wurde ich wieder abgewählt. Die Klasse war unzufrieden mit meinen Leistungen. Ich hätte nämlich mehrmals täglich das Schwarze Brett auf Stundenplanänderungen überprüfen sollen, um meine Mitschüler über ausfallende Stunden in Kenntnis zu setzen. Fand ich aber doof. Die sollten mal schön selbst die Aushänge checken. Ich wollte lieber Schlägereien verhindern, bei denen es ohne mein Eingreifen zu blutigen Nasen gekommen wäre. Ich wollte im Namen der Klasse Lehrern gegenüber aufmüpfig werden. Was ich nicht wollte, war dreimal am Tag zum Schwarzen Brett zu laufen. Innerhalb einer Biologiestunde wurde ich also gestürzt und während der gesamten Schulzeit nicht mal mehr zur Wahl aufgestellt. Klar, der neue Klassensprecher musste sich anschließend zum Beispiel mit Simone und Jenny herumschlagen, die einen Platz in der ersten Reihe vor dem Pult wollten, sich aber nicht gegen die Streberkonkurrenz Steffi und Heike durchsetzen konnten, und auf so was hätte ich eh keine Lust gehabt. Trotzdem war es peinlich, wenn Onkel und Tanten nach meinem Ehrenamt fragten. Ich murmelte Erklärungen, meine Eltern wechselten das Thema oder tischten Kuchen auf. Irgendwie war ich an meinem frühen Beliebtheitserfolg gescheitert.

Das Abitur war dann später für alle eine Selbstverständlichkeit. Das Studium – Technikjournalismus – für alle eher eine Unverständlichkeit. Beides wurde familienintern nicht so recht als Erfolg verbucht. Ein bescheidener Durchbruch im Internet erschien so wie ein Nummer-eins-Hit in den usbekischen Charts. Irgendwie unwirklich, schwer einzuordnen, nicht ganz ernst zu nehmen. Ein Erfolg zweiter Klasse. Dass mir die eine oder andere Zeitung Talent bescheinigte – geschenkt. Es waren die falschen Zeitungen. Keine, die zu Hause gelesen wurden.

Dann, eines Tages, war ich Platz 30 der schönsten Frauen der Welt. Allerdings nur der Welt eines Männermagazins. Ich hatte mich nicht zur Wahl gestellt, ich wusste nicht mal, dass sie stattfand. Ich erfuhr es erst in einer Mail meiner Tante: »Wahnsinn, Katrin! Ich bin so stolz auf dich. Jetzt hast du es also geschafft!«

Ich war nur wenige Plätze hinter der Moderatorin des Schlagersenders »Goldstar TV« und gerade mal zwei Plätze hinter Sarah Palin. Ja, genau, Sarah Palin. Sarah und ich waren die Einzigen unter den ersten 30, die mehr anhatten als einen Bikini.

»Liebe Tante«, wollte ich zurückschreiben, »es trifft mich hart, dass Platz 30 in der FHM dich stolz macht. Es sagt mir: Ich habe noch gar nichts geschafft. In Liebe, Katrin!«

Aber das schrieb ich nicht. Wer weiß, dachte ich, nächstes Jahr wird wieder gewählt, dann gibt es womöglich wieder eine geheime Unterschriftenaktion, und schwupps bin ich weg von Platz 30. Und noch mal will ich das jähe Ende eines Höhenflugs nicht erklären müssen. Manchmal muss man die Erfolge einfach so nehmen, wie sie kommen …

20
Feminismus und andere Zwischenüberschriften

So eine Freiheit

In Aalen gibt es eine Frau, die Blümchen genannt wird, weil sie immer ein Blümchen in den Haaren hat. Diese Haare sind braune, lockige, unbehandelte Hippie-Haare, krause Locken, die so aussehen, als wären sie noch nie mit einem Stylingprodukt in Berührung gekommen. Sie ist nicht öko, sondern eine Vorstufe von öko, eine Frau, der man ansieht, dass Optik für sie nicht das Wichtigste ist. Sie sitzt an einem Tisch mit zwei Männern, es ist Nachmittag, und irgendwie sind sie auf das Thema Emanzipation gekommen. Eigentlich lese ich Zeitung, kann mich aber bald nicht mehr auf die Buchstaben konzentrieren. Ich sitze am Nebentisch und halte die Zeitung zur Deko. Die Männer sind sich einig: Alice Schwarzer ist das Beste, was den Frauen passieren konnte. Was die alles erreicht hat für die Frauen! Sagt der eine. Der andere ergänzt, die Frauen können wirklich froh sein, dass sie heute keine Zwänge mehr haben, und selbst entscheiden können, sogar, ob sie ein Kind möchten oder nicht. Oder ob sie arbeiten möchten oder nicht. So eine Freiheit, und das alles dank Alice.

Das Blümchen sagt die ganze Zeit nichts, sie hört zu, blickt umher, nippt am Kaffee und zieht zwischendurch an ihrer Zigarette, so als hätte das alles hier nichts mit ihr zu tun. So als wäre sie eigentlich auch hierhergekommen, um ihre Ruhe zu haben, aber eben jetzt Teil eines Gesprächs geworden, bei dem man nicht mehr weghören kann. Und dann drückt sie energisch die Kippe aus, blickt wütend zwischen den beiden Männern hin und her und schreit: »Hallooo??? Entschuldigung!!!! Ich find des scheiße, was die Alice Schwarzer gemacht hat. Hat die mich gefragt, ob ich des will?«

Das Richtige tun

Ich stehe auf einer Veranstaltung. Es ist die Veranstaltung einer Zeitung, wir sind im Sinne der Wohltätigkeit zusammengekommen, alles für einen guten Zweck, Charity. Der Abend steht im Zeichen des Idealismus, alle stehen gerne hier, weil es so einfach ist, weil wir alle das Richtige tun, weil wir aus den richtigen Gründen hier stehen, obwohl wir nichts anderes machen als sonst: Wir stehen rum und halten kostenlose Getränke.

Es ist eine Zeitung, von der man munkelt, dass vor allem die Frauen wert auf Emanzipation legen und sich als Feministinnen bezeichnen. Schminke auf der Frau kommt hier einem Verbrechen gleich. Angemalt sein, weil man gefallen will – widerwärtig. Hohe Absätze sind hier was für Tussen, man ist anscheinend der Meinung, dass man es mit dem Feminismus nur ernst meint, wenn man sich anzieht wie ein Mann.

Jedenfalls trage ich absichtlich hohe Schuhe, 12 Zentimeter sind mein Statement. Sorry, wenn's am Ende an den Schuhen liegt, das mit der Emanzipation, dann müssen wir sowieso noch mal von vorne anfangen. Mein Kleid haut in die gleiche Kerbe. Es sieht von vorne aus wie knielang und ist an der Seite geschlitzt, bis zu der Stelle, an der der Oberschenkel aufhört und der Arsch anfängt. Von vorne sehr züchtig und im Profil sehr das Gegenteil.

Als die Veranstaltung vorbei ist, stehe ich da wieder mit einem Glas, ein sehr kleiner Mann, Mitarbeiter besagter Zeitung, Mitte vierzig, stellt sich nicht vor, stellt sich aber dazu und sagt: »Na, Frau Bauerfeind, haben Sie Ihre Hose vergessen?«

Ich sage: »Pass mal auf, meine Klamotten fallen nicht in deinen Beurteilungsbereich! So billig wie dein Anzug seh ich nicht mal aus, wenn ich nichts als Pastikstrapse trage! Du bist nicht mal Zaungast in meiner Liga, und wenn du schon seit der Schule keinen Stich bei Frauen kriegst, kann ich nichts dafür, kann's aber verstehen, und jetzt hau ab und bring mir noch ein Bier, du Pimmelarschkopf!«

Ich sage es natürlich nur in meinem Kopf. Laut sage ich nichts. Steh' ich nämlich drüber. Auf zwölf Zentimeter Absätzen.

Wer keinen Penis hat

Emanzen sind Kampflesben. So hieß das bei uns früher. Als Kind habe ich beides nicht verstanden und wollte nichts von beidem sein.

Ich war nie emanzipiert, weil ich gar nicht wusste, dass man das sein kann. Emanzen, also Kampflesben, kamen im Fernsehen, und das, was im Fernsehen kam, war woanders.

Im Geschichtsunterricht habe ich erfahren, dass bis Ende der Siebziger der Ehemann noch über die Ehefrau entscheiden konnte. Ich war angemessen empört, aber das war wie gesagt Geschichte.

Und die Oma gab's! Wenn Männer am Tisch saßen, beispielsweise mein Cousin, und der sagte: »Ich hab Durst!«, dann sagte meine Oma: »Auf, Katrin, geh dem Tobias was zu trinken holen!«

Hab ich natürlich nicht gemacht. Nicht, weil ich emanzipiert war, sondern weil er ja nicht behindert war. »Der Tobias hat zwei Beine bis auf den Boden«, wie man bei uns gerne sagte, und deshalb geht der das Getränk holen, der Durst hat, und nicht der, der keinen Penis hat.

»Ich hab keinen Durst, kann er ja selbst holen!«, sagte ich also jedes Mal.

»Aber du bist doch ein Mädchen!«, sagte die Oma jedes Mal.

Dann war die Oma sauer, und ich war sauer, und es spricht absolut für meine Erziehung, dass »Mädchen« kein Argument war. Am Ende holte immer die Oma die Getränke.

Wie lange noch?

Ich mag keine Titten-Kleider. Ich mag nicht gerne die Brüste raushängen, schließlich habe ich Diplom. Da bin ich irgendwie konservativ. Vielleicht dachte ich auch, dass mich das Diplom automatisch zur Nichttittenkleidfrau macht. Das Problem ist, Brüste kann man sehen, das Diplom nicht. Und ist es vielleicht naiv zu glauben, in einem optischen Medium wie dem Fernsehen käme es nicht auf Optik an?

Warum haben Sie denn ausgerechnet mich gebucht?, wollte ich kürzlich von einem Veranstalter wissen, um herauszufinden, was das Anforderungsprofil ist.

»Sie sehen gut aus!« Pause. Pause. Immer noch Pause. Zu lange Pause. »Und Sie sind äh ... hmmpf ... intelligent ... und ... äh ... lustig!«

Journalisten, männliche Journalisten, fragen mich jetzt manchmal: »Fragen Sie sich jetzt manchmal, wie lange Sie den Job noch machen können? Sie sind ja über dreißig ...«

Papa rät mir wiederholt zu einem zweiten Standbein. Ich sage dann immer: »Papa, du hast doch keine Ahnung.« Er hat wirklich keine Ahnung vom Fernsehen, aber wahrscheinlich trotzdem recht: Er ist ein Mann, und das macht ihn zum Experten!

Außer Carmen Nebel und Petra Gerster sehe ich wenige Frauen über fünfzig im Fernsehen! Wenn man davon ausgeht, dass ich später weder Nachrichten präsentiere noch auf Volksmusik umschwenke, wird's düster. Ich hab mir neulich mal ein Tittenkleid angeguckt. Wenn man es Dekolleté nennt, klingt es schon fast möglich. Ansonsten kann ich echt einpacken, und zwar komplett, nicht nur meine Brüste.

Film. Reif

Wenn man mal angefangen hat, die Welt feministisch zu sehen, ist es wie mit Cellulite: Je intensiver man sich damit beschäftigt, umso schlimmer wird's. Erst denkt man, man hat gar keine, und am dritten Tag googelt man, wer einem das wegmachen kann.

Im Film zum Beispiel: Es küsst ein mittelmäßig attraktiver Mittfünfziger eine überdurchschnittlich attraktive Dreißigjährige und bricht den Kuss ab ... weil er während des Küssens angefangen hat, darüber nachzudenken, wie er sein Leben verpfuscht hat blablabla ... er bricht also den Kuss ab, und sie sagt: »Was ist los, liegt's an mir?«

Liegt's an mir? Was ist das denn bitte für eine Frage? Wer hat das denn bitte geschrieben und vor allem, wann? 2013, 1953? Natürlich liegt's an ihm! Es liegt immer an ihm! Oder übertreib' ich? Was ist los, liegt's an mir?

Wegmachen

Ein Gespräch in Berlin. Ich: »Aha, du schreibst also Drehbücher. Spannend. Kannst du was schreiben, wo man als Frau nicht nackt ist, auch nicht, weil man aus der Dusche kommt, und wo die Frau trotzdem keine Migräne hat ... also allgemein nicht den Sex verweigert und man mehr sagen darf als zwei Sätze, und keiner davon ist: Liegt's an mir?«

Drehbuchautorin: »Hm, komisch! Jetzt wo du's sagst. Ich bin ja selber Frau und schreib trotzdem auch nur solche Geschichten.«

Ich: »Siehste, ganz subtil das alles. Du musst das stoppen!«

Sie: »Haste recht! Beim Film geht's ja erst los. Unser Kind ist ein Jahr alt, und irgendwie ist es völlig klar, dass er Projekte annimmt und ich zu Hause beim Kind bin.«

Mädchen mit pinkem Lippenstift: »Äh, sorry, ich hab euch grad zugehört. Ich find euch echt 'n bisschen aggressiv. Warum wollt ihr Emanzen immer, dass Männer und Frauen gleich sind? Es ist doch nun mal so, dass Frauen eben heiraten wollen und Männer eben nicht. Warum wollt ihr immer alle Unterschiede wegmachen, das macht es doch aus!«

21
Dann las ich von Olivenöl ...
oder
Wie man an Schönheitsidealen scheitert

Frauen denken immer über ihr Gewicht nach. Das fängt bei der Geburt an. »Alexa Cheyenne Klüsenberg, 50 cm, 3200 Gramm«.

Man könnte andere Eigenschaften erwähnen – die Augenfarbe, die Schuhgröße, den tadellosen Charakter, aber nein, schon bei der ersten Existenzbescheinigung wird auf dem Gewicht rumgehackt. Ich bin auf weniges stolz, aber dass »Gewicht« für mich nie ein Thema war, gehört dazu. Ich habe nie auch nur eine Diät gemacht. Es bestand bei mir genetisch wenig Gefahr, magersüchtig zu werden. In meiner Familie essen alle sehr gerne und vor allem sehr viel, und die meiste Anerkennung bekommt bis heute, wer drei Teller Spätzle essen kann. Das verbale Bundesverdienstkreuz meiner Oma lautet: »Sie ist eine gute Esserin!« Die Qualität eines Restaurants macht sich an der Größe des Schnitzels fest. Nur wenn es über den Teller hinauslappt, ist der Laden empfehlenswert. Salat ist Deko. Die Sättigungsbeilage zum Schnitzel kann durchaus ein zweites Schnitzel sein. Wer so aufwächst, entwickelt keine Essstörung.

Ich kam gar nicht auf den Gedanken, mich runterzuhungern, um an eine Bikinifigur zu kommen. Wenn ich nicht in den Bikini passte, ging ich eben nicht ins Freibad. Aber ohne Schmollen und schlechtes Gewissen.

Gut, ich habe einmal, mit 16, in der Apotheke Tabletten gekauft, mit denen man angeblich drei Teller voll essen konnte und gleichzeitig abnahm. Ich glaube, weil irgendjemand gesagt hatte: »Katrin, du hast eher so eine Rubens-Figur ...«

Zu Rubens' Zeiten wäre das ein Kompliment gewesen, 380 Jahre später klang es nach Vorwurf. Mir war's bis dahin gar nicht aufgefallen, zumindest hatte ich damit kein Problem. Gedanken machte ich mir erst nachdem jemand mit Rubens um die Ecke kam. (Warum gibt es das eigentlich nur für Frauen? Ist einem zu dünnen jungen Mann schon mal gesagt worden »Du hast eher so eine Giacometti-Figur ...«?)

Ich bin also in die Apotheke und habe diese Tabletten für eine Freundin gekauft, weil man in einem bestimmten Alter alles Peinliche »für eine Freundin« kauft.

»Wissen Sie, wie man die einnimmt, junge Frau?«

»Äh ... nee ... keine Ahnung ... die sind ja nicht für mich, ich soll die für eine Freundin kaufen. Warum, wie nimmt man die denn ein?«

Ich war anfangs sehr glücklich mit meinen neuen Tabletten. Anfangs bin ich mit allem Neuen sehr glücklich. Zwei Wochen kann ich mich für so ziemlich jeden Scheiß begeistern: Schuhe, Ratgeber, Männer, wurscht. Danach wird's meist langweilig oder nervt. Ich werde mit zunehmender Abnahme der Begeisterung nachlässig, was in diesem Fall hieß, dass ich die Tabletten nicht mehr regelmäßig nahm. So bin ich schon an der Pille gescheitert.

Und das war er, mein einziger Versuch, jemals auszusehen wie Michelle Hunziker, Kate Moss oder das Triumph-Unterwäsche-Model, das ich mit 16 wunderschön fand. Beim Abgleich zwischen Spiegel und Werbung war einfach irgendwann klar, dass ich nie so aussehen würde. Die hatte nicht nur die geilere Figur, die hatte eine andere Nase und bessere Haare, was mich zu der schwäbisch-buddhistischen Erkenntnis brachte: Sieht jeder aus, wie er aussieht. Machste nix.

Wobei das natürlich nicht stimmt – als Frau macht man eigentlich ständig irgendwas! Nur eben in meinem Fall nicht Abnehmen. Wenn ich abnehme, dann durch Stress, Liebeskummer oder Verliebtsein, also eher zufällig, aber nie weil's Sommer wird. Kann passieren, dass ich im Winter mit der Traumfigur dastehe, und keiner sieht's!

Die perfekte Figur ist für mich mittlerweile allerdings ähnlich unerstrebenswert wie ein Ferienhaus in Albanien. Weil ich jetzt schon seit dreißig Jahren mit mir lebe, weiß ich: Selbst wenn ich die Traumfigur hätte, würde ich mir ein neues Körperprojekt suchen. Perfekt wär's nie. Es gibt ja Frauen wie Audrey Hepburn, Sade oder Nicole Kidman, die immer so aussehen, als würden sie immer so aussehen und vermutlich auch nach einem Autounfall gut frisiert aus dem noch rauchenden Wrack steigen. Aber das kann man nicht lernen. Das ist so wie die Fähigkeit, die Zunge in der Mitte einklappen zu können. Entweder man kann's oder man braucht's auch nicht zu üben.

Das fängt schon bei perfekt manikürten Fingernägeln an. Ich bewundere tatsächlich, wie man Ehrgeiz für Nägel aufbringen kann. Das ist ja auch alles Lebenszeit. Zeit, in der mein Nagellack gerne abblättern kann. Perfekte-Nagel-Frauen glänzen nicht, nie verläuft denen die Schminke, und sie haben bei Bedarf eine Haarbürste, Taschentücher und einen Regenschirm in der Handtasche. Unfassbar gut, aber unerreichbar für mich. Diese Frauen wirken vorbereitet, vorbereitet fürs Leben und seine Eventualitäten, während ich immer in jeder Hinsicht überrascht danebenstehe.

Meine Problemzonen sind aber eben nicht Bauch, Beine, Po, sondern Gesicht und Haare. Die beiden waren immer schon meine Hauptgegner. Ich beschäftige mich seit meinem 18. Lebensjahr mit Antifaltencremes. Ich hatte schon alles im Gesicht, was man im Gesicht haben kann. Manchmal nerven mich Sommersprossen, dann eine Falte, dann ein Pickel. Mein Gesicht war schon ausgetrocknet und fettig und überdurchfeuchtet. Teilweise gleichzeitig. Bei Cremes macht mir keiner was vor. Mitunter berate ich die Frau beim Douglas. Gebracht hat natürlich alles nichts, keine Sommersprosse weniger, keine Falte weg und kein Pickel, den ich verhindern konnte. Aber ich hab ja sonst keine Hobbys.

Außer Haare. Haare sind mein Makramee, mein Zumba und mein Yoga. Ich habe Problemhaar. Ich hab fisselige Locken, die an guten Tagen mit viel Hitze irgendwann eine Frisur werden. An schlechten Tagen sehen sie aus wie das, was Julia Roberts in *Pretty Woman* auf dem Kopf hatte. Meine Haare sind unbearbeitet definitiv fürs falsche Jahrzehnt konzipiert worden. In den Achtzigern wäre ich eine Bombe gewesen. Heute traut sich selbst Nena nicht mehr mit so einer Frise vor die Tür. Ich bin deswegen bereit, alles auszuprobieren. Wenn die Haarprodukte-Industrie irgendwann mal ein schlechtes Gewissen kriegt wegen der Tierversuche, kann sie gerne ersatzweise zu mir kommen. Ich probiere alles aus. Kein Thema. Was mehrere Rattenfamilien hat kahl werden lassen, kipp ich mir noch auf die Kopfhaut, wenn eine Chance besteht, dass es mir hilft.

Ich las zum Beispiel neulich in einer Zeitschrift, dass man sich die Haare nicht mehr mit Shampoo waschen soll, sondern nur noch mit Wasser. Shampoo ist voll yesterday, hieß es. Im Shampoo ist nämlich Silikon, und Silikon ist gut für Brüste, aber böse für Haare. Dadurch werden Haare so wie Klamotten von H&M, sehen gut aus, sind aber ruck, zuck kaputt. Also bin ich in den Urlaub gefahren und habe mal wieder das Experiment Haare gestartet. Es gibt keinen Blog, kein Forum und keinen Thread im Internet, den ich nicht kenne, wenn es um Haare und Gesicht geht. Da lese ich auch gerne bis morgens um drei, um die Antwort auf eine bestimmte Frage zu bekommen.

Über die »No-Poo«-Methode erfuhr ich also online, dass es in Hollywood gerade alle so machen. Kein Shampoo mehr, nur noch Wasser, das aber täglich, und einmal in der Woche silikonfreien Conditioner. Nach zwei Wochen, so die Versprechen, hat man dann endlich Traumhaare.

Nach vier Tagen war meine Fettmatte so ekelhaft, dass ich mir sicher war, dass es entweder in Hollywood ganz anderes Wasser gibt oder die komplette Nummer mal wieder eine totale Verarsche war.

Weitere Recherche brachte mich zu Mehl und Maisstärke, womit man das Fett aufsaugen sollte. Also hab ich mir ein halbes Kilo Mehl in den Kopf eingearbeitet. Das Fett war weg, aber schöne Haare sind auch anders.

Dann las ich von Olivenöl: Das macht die Haare angeblich gesund und glänzend. Als die Haare vor Olivenöl triefen, stellte ich mir die Frage, wie man das Öl ohne Shampoo wieder aus den Haaren kriegt. Antwort: mehr Mehl. Auf meinem Kopf hätten sehr kleine Menschen eine Pizzeria einrichten können. Es wurde zunehmend ekliger. Backpulver sollte helfen, zum einen die Silikone zu entfernen und zum anderen den Mehl-Öl-Fett-Schmodder. Also hatte ich Backpulver im Haar. Eine Wildschweinnaturhaarborste, mit der man sich jeden Tag die Haare kämmen sollte, um den Talg von oben nach unten zu bringen, war im Urlaubsort nicht aufzutreiben, genauso wenig wie das Mikrofaserhandtuch.

Der Urlaub ging zu Ende, zwei Wochen waren um, und meine Haare waren wider Erwarten kein Stück besser als vorher. Aber man muss es auch positiv sehen. Andere Frauen hätten sich in dieser Zeit mit Montignac kasteit, mit Trennkost oder dem Weglassen von Kohlehydraten. Ich hingegen hab jeden Tag Pasta gefuttert und es mir gutgehen lassen. Und locker drei Kilo zugenommen. Ohne schlechtes Gewissen.

22
Drei Sambuca
oder
Scheitern im Sexshop

Sex ist wie Fußball oder Politik. Da kann eigentlich jeder sofort mitreden, ohne es selbst unbedingt aktiv zu betreiben. Ich wusste bereits mit fünf von meiner Mutter, dass Kinder nichts mit dem Storch, sondern mit Mutti und Papi zu tun hatten. Seitdem hat sich mein Wissen konsequent erweitert, ich hab schon alles gehört, dachte ich, mir kann keiner mehr was erzählen. Deshalb war der Abend mit Jessica sehr lustig, an dem wir uns stundenlang und beide zum ersten Mal durch sämtliche Sexshops im Internet klickten. Schamhaarschablonen in Herzchenform, ein Brüller. Dildos und Vibratoren in Pinguinform und teilweise beängstigenden Ausmaßen, zum Wegschreien!

Es war ein vergnüglicher Abend zweier Frauen, die sich für auf- und abgeklärt halten, die auch irgendwie über diesem Quatsch stehen, die es im wahrsten Sinne des Wortes nicht nötig haben. Und dann fragt Jessica nach zwei Stunden Geklicke:

»Sag mal, was ist denn eigentlich der Unterschied zwischen einem Vibrator und einem Dildo?«

»Keine Ahnung.«

Es hat schon einen Grund, dass es Sex and the City hieß. Sex and the Kleinstadt wäre keine Serie, eher ein Stummfilm. Im Gegensatz zu Carrie und Konsorten habe ich mit meinen Freundinnen nicht mehr über Sex geredet als über Geld, Gott, Krebs oder Spätzle.

In unserer BRAVO waren zwar schon komplett nackte Jungs und Mädchen, und RTL zeigte Brüste im Nachmittagsprogramm, aber »Let's Talk About Sex« war nur ein Hit Anfang der Neunziger, kein Motto für uns. Dafür mussten wir erst wegziehen. Meine Freundin Pe zum Beispiel wohnt jetzt in Berlin, und sie bemüht sich, wirklich auch Berlin zu sein. Deswegen heißt sie jetzt auch Pe und hat das -tra entsorgt. Und in ihr Schwäbisch rutscht manchmal ein »ick«, »det« und »gloobe«. Außerdem geht Pe jetzt in Sexshops.

Da wo wir aufgewachsen sind, waren Sexshops was für Perverse. Als man noch in Videotheken musste, wenn man Filme sehen wollte, gab es in der Aalener Videothek zwei Eingänge: einen für die normalen Leute und einen für die anderen. Die ab 18, die sich keine Filme angucken wollten, die ich sehen durfte. Die guckten »Schmuddelfilme«. Eltern können einem schnell klarmachen, was gut und böse ist. Der rechte Eingang war böse. Als Kind dachte man bei jedem, der rechts reinging: So einer bist du also, du perverse Sau!

Zwanzig Jahre später, in Berlin, muss man quasi rechts rein. In Sexshops ist rechts das neue links, beziehungsweise gibt's gar kein links mehr. Man muss nicht nur rechts rein, man muss auch unbedingt drüber reden. Pe redete eine Zeitlang über nichts anderes. So als wäre die Kombi Berlin plus Sexshop der Beweis dafür, dass man zum offenen Teil der Welt gehört! Man sagt sich und allen anderen damit:

Guck mich an, ich bin so was von überhaupt gar nicht verklemmt!

Pe redete vom Sexshop so wie andere vom Supermarkt. Ob ich schon das neuste Gleitgel mit Kühleffekt ausprobiert hätte: »Musste unbedingt machen, det ist ein verrücktes Erlebnis.« Für mich war Sexshop langsam wie New York. Viel von gehört, selbst nie da gewesen, muss aber ein Knaller sein. Ich fühlte mich zurückgeblieben. Wie früher, als ich Panik bekam, weil alle schon knutschten, während ich nur darüber nachdachte.

In Berlin, sagte Pe, gibt's frauenfreundliche Sexshops. Falls man sich nicht traut, den Vibrator zu kaufen, kann man im Kassenbereich auch einen Button mit lustigen Zitaten mitnehmen. »Eier! Wir brauchen Eier!« (O. Kahn) steht da zum Beispiel drauf.

Das sind, sagte Pe, keine Schmuddelläden mehr, sondern die sind »total ästhetisch«.

Bei »total ästhetisch« in Verbindung mit Sex bin ich skeptisch. »Total ästhetisch« sind ja auch immer die Fotos im Playboy, beziehungsweise eben die Begründung aller Simone Thomallas, sich dafür auszuziehen. Ist man verklemmt, wenn man's anders sieht? Ist man spießig, wenn man bei Sex und Schokolade einfach Vollmilch will, ohne Wasabinüsse und Chili-Lachs-Krokant?

Mittlerweile hat ja jede Phobie einen Fachbegriff. Es gibt bestimmt auch einen für die Angst vor Unhipness und Verklemmtheit. Man könnte sie jedenfalls nach mir benennen. Als Gegenmittel also ein Sexshop-Besuch.

Geht man da rein wie in einen Elektroladen? Ist das wie einen Rasierapparat zu kaufen? »Hallo, ich hätte gerne mal den blauen Delphin gesehen, bitte. Und was kann der so? Wie lange ist die Ladezeit? Gut, dann probiere ich den einfach mal aus! Kann ich den umtauschen, wenn er mir nicht gefällt?«

Ich ging wild entschlossen in den total ästhetischen Sexshop, den meine Freundin Pe schon mehrfach geprüft hat. Locker bleiben. Unverklemmt sein.

Das Problem ist nur: Sobald es ums Thema Sex geht, ist immer irgendwas verklemmt. Es mag Menschen geben, die dank ihrer Erziehung, ihres Umfelds oder ihres Berufs als Prostituierte auch beim Thema Sex locker drauf sind – ich gehöre nicht dazu.

Der superlockere Verkäufer brüllte erst mal ein fröhlich-lautes »Hallöchen!« in meine Richtung. Alle drehten sich um. In meiner Welt natürlich nur, um zu sehen, welche perverse Sau jetzt in den Laden gekommen war. »Kann man dir wat Jutes tun?«, schrie der Verkäufer, wieder in meine Richtung. Wieder starrten alle, ich glaube sogar, dass kurz die Musik ausging. »Danke, ich wollt nur mal gucken.« Stimmte ja auch.

Ich war ewig in diesem Laden, ich brauchte allein schon eine Viertelstunde, um unbeteiligt und cool zu wirken. Im vorderen Bereich waren vor allem besagte Buttons, Kondome, Gleitgele und lustige Accessoires wie Bunny-Kostüme mit Manschetten, Hasenohrenhaarreifen und Plüschschwänzchen für unschlagbare 4,99 €. Um mich an etwas festzuhalten und um zur Not sagen zu können, dass ich nur ein lustiges Geschenk gesucht habe, trug ich das Bunny-Kostüm durch den Laden. Als bräuchte man auf jeden Fall ein Alibi, als könnte jede Sekunde ein Sittenpolizist rufen: »Hände hoch! WAS MACHEN SIE HIER???«

Ich fühlte mich wie in einem Unterwäsche-Laden, in dem es keine Umkleidekabinen gibt. Man kann doch nicht ernsthaft in so einem Laden etwas kaufen! Selbst Farben werden da auf einmal total intim. Was Leute dann alles über einen wissen, was da auf einmal für ungeahnte und ungewollte Bilder im Kopf möglich sind. Für Leute wie mich wurde das Internet erfunden.

Aber ich war ja da, um mir zu beweisen, dass ich nicht verklemmt bin. Ich schlenderte möglichst unauffällig, innerlich pfeifend, in den hinteren Teil des Ladens. Links Vibratoren, rechts Liebeskugeln. Liebeskugeln klingen doch harmlos. Wie Mozartkugeln. Und es wäre doch erbärmlich, hier nur mit einem Bunny-Kostüm aus dem Laden zu gehen. Die Beschreibung zu lesen war mir allerdings zu peinlich. Könnte so wirken, als wüsste ich nicht, was Liebeskugeln sind. Und schließlich weiß doch wirklich jeder, was Liebeskugeln sind. Außer Leuten, die total verklemmt sind. Oder zurückgeblieben. Das sind die Dinger, mit denen man überall und unbemerkt einen Dauer-Orgasmus haben kann. Hatte ich mal irgendwo gehört. Vermutlich bei einer RTL 2-Reportage.

Ich war mutig auf dem Weg zur Kasse. Der Verkäufer schrie: »So, wat gefunden? Die Liebeskugeln? Jute Wahl. Wirste viel Spaß mit haben.«

Dabei grinste er blöd, und ich starrte auf die Kugeln. Fehlte nur noch, dass einer der anderen Kunden an der Kasse mit dem Finger auf mich zeigte: »Ich kenn Sie doch von 3sat.« Der Laden war so groß wie mein Wohnzimmer, und genau für solche Situationen wurde doch seinerzeit das Flüstern erfunden! Nennen Sie mich konservativ, aber Stillen im Café, Dirty Talk am Handy im ICE-Speisewagen und öffentliches Ausrufen von Einkäufen im Sexshop finde ich unhöflich.

Auf dem Nachhauseweg fühlte ich mich ein bisschen verrucht. Wenn irgendjemand wüsste, dass ich nicht nur so cool war, Liebeskugeln zu kaufen, sondern auch vorhatte, sie zu tragen. »Ich bin so was von 2013 und so was von Berlin«, dachte ich.

Als ich zu Hause ankam, las ich die Produktbeschreibung: »Die Vaginalkugeln eignen sich hervorragend für Frauen mit einer Gebärmuttersenkung oder einer nach hinten geknickten Gebärmutter, die ihre Beckenbodenmuskulatur trainieren wollen.«

Hab ich beides nicht. Genauso wenig wie den Dauer-Orgasmus. Demnächst trinke ich drei Sambuca und bin dann locker genug, um die Dinger zu reklamieren. Das wär doch gelacht!

23
Im Bett mit Béla Réthy
oder
Wie schlecht ist Sex?

Früher gab es Musik, heute präsentiert *Die ultimative Chartshow* die besten Schmusesongs für Beerdigungen, Stiftung Warentest vergleicht die gehaltvollsten Fertigsuppen und Sonja Zietlow die peinlichsten Ausraster im TV. Das Internet ist voll von den zehn besten, schlimmsten, krassesten, denkwürdigsten, schlimmstfrisierten, höchstbezahlten, meistbestiegenen … Alles und jeder wird bewertet.

»Die Vorspeise hatte zu viel Schnittlauch, dafür gebe ich der Melanie sechs von zehn Punkten.« »Hot or not – Wie heiß ist dein Body? Mach den Test!« Deswegen sind wir alle längst auch gut oder schlecht im Bett.

Schwer vorstellbar, dass Julia sich in Romeo verliebte, weil er eine Granate zwischen den Laken war. Noch schwerer vorstellbar, dass Opa und Oma bis zur Goldenen Hochzeit durchgehalten haben, weil in der Kiste alles stimmte. Heute dagegen lebt jeder damit, für seinen Sex bewertet zu werden. »Geiler Fick, Firma dankt!, »Einmal ficken – weiterschicken« oder irgendwas dazwischen. »Sie ist menschlich wirklich spitze, aber halt schlecht im Bett!«, so was will man nicht hören. Dann schon eher: »Was für eine dämliche Plunze, aber eben eine geile Sau!«

Ich jedenfalls habe Jahre damit verbracht, gut im Bett sein zu wollen. Zumindest wollte ich immer lieber »gut im Bett« sein, als Miss Germany, Präsidentin der Europäischen Zentralbank oder Deutsche Meisterin im Diskuswerfen. So ging es vielen, wie ich jetzt weiß.

Frauen sagen deshalb zu allerhand ja, nur um nicht für prüde gehalten zu werden, was als das genaue Gegenteil von »gut im Bett« gilt. Man hat Sex mit Männern, mit denen man sich nüchtern nicht mal auf einen Kaffee treffen würde. Man stöhnt laut und unglaubwürdig und hofft, nicht gefragt zu werden: »Äh, sorry, was machst du da?« (Heute weiß ich, dass unglaubwürdiges Stöhnen im Bett eine Frequenz ist, die Männer gar nicht hören können.)

Ich wollte nur auf dem Rücken liegen, damit die Brüste nicht ins Hängen kommen können. Seitlich liegen ging auch nicht, wegen vielleicht zu viel Bauch. Selbst von hinten ließ sich ja aus der Sicht des Mannes vielleicht irgendetwas finden, was nicht »gut im Bett« war, während man selbst die Wand anstarrte.

Die sichere Nummer war deswegen lange: Licht aus. Dann konnte sich keiner unnötig auf Schwachstellen konzentrieren. Frauen stellen sich natürlich auch dabei Fragen, noch während sich der Mann im Dunkeln an ihnen abarbeitet: Wird er mich noch lieben, wenn ich in ein paar Jahren Cellulite habe? Findet er mich auch wirklich nicht zu fett? Ob meine Brüste wohl groß genug sind? Gedanken, die sich umgekehrt natürlich kein Mann macht. (Klar ist er auch zu dick, zu klein, zu untrainiert, macht aber nix, denkt er, er ist trotzdem ein geiler Typ, der an sich keine gewaltigen Unterschiede zu Brad Pitt erkennen kann.)

Dazu kam die weibliche Sorge, vielleicht zu lange zu brauchen, um mit dem Kondom klarzukommen. Und warum heißt es eigentlich Blasen, obwohl es nichts mit Blasen im Wortsinne zu tun hat? Nur um uns zu verwirren?

War man gut im Bett, wenn man alles mitmachte? War man nur gut, wenn man gut mitmachte, und war es nicht völlig egal, weil Männer immer kamen?

Ich wusste nicht, wen ich fragen konnte. Ich konnte ja nicht zugeben, keine Ahnung zu haben. »Ey, ich bin nicht gut im Bett und hätte deshalb ein paar Fragen!« Schwierig.

Um möglichst aufregend und erfahren zu wirken, war Sex in den ersten Jahren eine Art moderner Elfkampf. Ein Gewälze von links nach rechts auf der Matratze, um möglichst viele Stellungen in kurzer Zeit durchzubekommen. Die Liste im Kopf: Er oben – check, ich oben – check, er seitlich – check, ich so wie in diesem einen Filmchen, was ich mal gesehen habe – aua, Krampf, wurscht, weiter – check. Puh!

Manchmal war auch die Rückbank eines VW-Polo der Matratzenersatz. Die Folge: Verrenkungen wie bei einer Aufnahmeprüfung bei Pina Bausch. Schmerz als Stöhnen getarnt. »Hast du was, Schatz?« – »Nee, is geil, mach weiter!« Ehrlich sein beim Sex ist deutlich weniger vorstellbar als ehrlich sein bei der Steuererklärung. Ehrlichkeit ist ein schlimmerer Stimmungstöter als ausgeleierte Unterhosen.

Nach Jahren der Frustration fragte ich mich, warum ich immer selbst gemeint sein sollte, wenn es nicht so gut lief. Was war denn mit dem Typen los? Warum kommentierte der die ganze Zeit alles wie Béla Réthy bei einem Länderspiel? Warum ließ er einen an seinem nahenden Höhepunkt teilhaben, als wäre es ein Countdown in Cape Canaveral? Bekam der überhaupt irgendwas mit, zum Beispiel, dass man auch da war? Andere waren lautlos wie Indianer, die sich an die Beute schleichen, um dann mit kurzem, lautem Geheul loszuschlagen. Aahhh ... und zack – das war's. Frau erlegt. Ob laut oder leise, beim Sex sind Männer oft Einzelkämpfer.

Sex ist wie die EU. In der Theorie eine feine Sache, in der Praxis scheitert es an Kleinigkeiten. Sperma, das irgendwo reinfließt, muss auch wieder irgendwo raus. So was muss einem doch gesagt werden! Auch, dass man eine Blasenentzündung bekommen kann, wenn man es zu lange mit sich rumträgt, und dass es unterschiedliche Penisse gibt, die auch ein Faktor für »gut« oder »schlecht« sein können. Dass es so etwas wie Scheidenpilz gibt, erfährt man auf dem Mädchenklo von Annika, die keiner leiden kann, die jetzt aber einen Scheidenpilz hat. Kann das jede kriegen? Oder nur blöde Mädchen wie Annika?

Und selbst wenn man das alles weiß, hat man als Frau meistens jahrelang Sex, den man so okay findet. Man hat so oft okayen Sex, bis man denkt, Sex wäre eben okay. Eine Sättigungsbeilage der Beziehung. Die Kartoffel zum Braten der Liebe.

Sex gehört irgendwann einfach dazu, man muss ja auch staubsaugen, hin und wieder, ob man Lust hat oder nicht.

Dabei wird einfach nur zu wenig geredet. Jeder kann sagen: »Ich mag Schnitzel, aber keinen Staudensellerie«, dagegen ist es immer noch schwierig zu sagen: »Ich mag es zwei Zentimeter weiter links.« Wenn man das als Frau nicht von Anfang an klarstellt, fehlen für den Rest der Zeit mit diesem Mann immer zwei Zentimeter. Bei der Silberhochzeit zu sagen: »Schatz, du bist seit Jahren knapp daneben!«, kann die Beziehung ins Wanken bringen oder zumindest das Selbstbewusstsein des Mannes. Vor allem wenn man ihm bis dahin tapfer im Bett was vorgespielt hat.

Frauen machen das aus unterschiedlichen Gründen. »Ich habe wenig Zeit, ich muss noch einkaufen« oder »Ich komm heut eh nicht mehr, mach, dass es endlich aufhört ...« oder »Ich muss gleich mit ihm noch über Geld reden, da ist es besser, er hat nicht von vornherein Scheißlaune!«

Außerdem will man nicht unhöflich sein. Wenn man zum Essen eingeladen wird und Pilzrisotto auf dem Tisch steht, obwohl man Pilze hasst, bedankt man sich hinterher ja trotzdem fürs Essen. Nach dem Sex will ja auch kein Mensch direkt zur Manöverkritik übergehen. »Der Frederic hat mit der Zunge immer so rumgewurschtelt, deswegen gebe ich ihm nur vier von zehn Punkten.«

Die ganze Bewerterei ist ohnehin nicht mein Ding. Aber wenn schon, dann ist es glaube ich so: Nehmen wir an, es gäbe ein Punktesystem beim Sex von eins bis zehn. Eins ist gänzlich unpassend und zehn ist Sex, bei dem alles stimmt. Ich glaube, dass zwei Menschen sich immer an einem Punkt auf dieser Skala treffen, der von Anfang an feststeht und den man wahrscheinlich nicht toppen kann. Wenn man gemeinsam nur auf fünf kommt, wird man wahrscheinlich auch unter Einsatz von Toys und Zeugs nie dauerhaft eine acht. Egal, was man macht. Noch beruhigender finde ich, dass Bewertungen von Sex mittlerweile zu den zehn überflüssigsten Dingen in einer Beziehung gehören. Laut Stiftung Warentest.

24
Fleckenteufel
oder
Fassung bewahren, Fassung verlieren

Der Grund, warum es so wenige Frauen in Führungspositionen schaffen, ist, dass sie so gänzlich anders mit Niederlagen umgehen. Frauen scheitern anders als Männer. Das ist durch die Wissenschaft nicht belegt. Aber durch mich:

Ende der neunziger Jahre. Ich habe ein Date. Der Typ ist ganz nett, und entsprechend sehe ich aus: Beigefarbener Sommerrock, weißes Oberteil, statische Fönfrisur. Der Typ ist im selben Abi-Jahrgang wie ich an einer anderen Schule. Er ist der Bruder einer Klassenkameradin, aber ursprünglich nicht aus Aalen, was ihn sehr exotisch und interessant macht. Wow, der kann Hochdeutsch! Wir sitzen zwei Stunden in einem Kaffee, finden uns nett, zahlen und gehen. Er geht hinter mir und sagt:

»Du, du hast da einen roten Fleck am Rock!«

Ich denke, witzig ist er auch noch, drehe mich also zu ihm um und lache: »Witzig!«

Er: »Nein, ohne Witz, du hast echt einen roten Fleck am Rock.«

Ich verrenke mich, und sehe, was er sieht: einen roten

Fleck. Genau die Stelle. Und er lässt keine Interpretation zu.

Mit einer ruckartigen Bewegung versuche ich, mit meiner Tasche den Fleck auf meinem Rock zu verdecken. Was ist das? Ich nehme die Pille und kann eigentlich auf den Tag genau sagen, wann ich meine Tage bekomme, und heute ist es nicht.

Der Typ verabschiedet sich peinlich berührt mit einem »Vielleicht sieht man sich mal ...«, dann verschwindet er in den Gassen der Fußgängerzone, während ich noch hilflos mit meiner Tasche am Hintern vor dem Café stehe. Wer hat das alles gesehen? Ich fühle mich wie eine Arschbombe vom Zehnmetersprungturm, die sich fälschlicherweise für einen dreifachen Rückwärtssalto hält.

Verkorkst und mit Hohlkreuz, laufe ich nach Hause, wie eine hochrangige Mitarbeiterin des Ministry of Silly Walk, immer die Tasche am Hintern.

Hab ich die Pille vergessen? Bin ich vielleicht sogar krank? Kann es einen Gott geben, der so etwas zulässt?

Zu Hause, nach ausführlichem Check, dann die Auflösung: Nein, es waren nicht meine Tage. Ich musste mich einfach irgendwo reingesetzt haben. In einen Berliner mit Himbeerfüllung, in eine Pfütze Holunderbeerenextrakt, in die Lippenstiftprobe einer Avonberaterin, wer weiß?! Es war jedenfalls einfach nur ein gottverdammter Fleck! Aber nie, nie, nie würde ich den Typen davon überzeugen können! Es war mir unfassbar peinlich.

Ich wusch den Fleck aus dem Rock, trug ihn aber nie wieder. Bis heute trage ich, wenn ich meine Periode habe, ausschließlich dunkle Farben. Der exotische Typ hat sich nicht wieder gemeldet.

Szenenwechsel ...

... auf einem Kreuzfahrtschiff. Ich habe es meiner Mutter versprochen, als ich 18 war: Traumschiff – wir beide! Auf dem sitzen wir jetzt zwar nicht, sondern auf irgendeinem Kahn, aber erstaunlich viele Menschen nehmen an, hier sei alles wie im Fernsehen. Ich kann nicht so gut mit Menschen auf engem Raum. Auf diesem Schiff sind 1700 Menschen auf 12 Decks. Klingt groß, aber wenn man die Decks mit den Kabinen abzieht, bleiben eigentlich nur vier Decks für 1700 Menschen. Am Whirlpool hängt deshalb ein Schild: *Bitte aus Rücksicht auf andere Gäste immer nur 20 Minuten im Whirlpool bleiben.*

Die Irische See hat offensichtlich eine Fortbildung zum Atlantik gemacht und will mal zeigen, was sie gelernt hat: Wellen bis Deck sechs. Zwei Tage lang gibt es keine Frischluft, alle Ausgänge sind abgeschlossen und werden vom Schiffspersonal bewacht. Deck elf und zwölf fallen auch noch aus. Ich fange an, Menschen zu hassen, so ganz allgemein. Man muss von Glück sprechen, dass nicht wenige seekrank werden. Das reduziert die Zahl der Leute, die man trifft.

Das ganze Schiff riecht nach Kotze, aber weil ich nicht seekrank werde, setze ich mich neben die nächste Toilette in meinem Stammpub und beobachte vorbeihuschende Menschen mit dicken Backen. Ich male mir aus, wen es wohl als Nächstes trifft. Man kennt sich schnell auf so einem Schiff! Bei manchen hätte ich so gar kein Mitleid.

Der Typ aus Belgien zum Beispiel, der sechs Sprachen spricht und deshalb alle in der jeweiligen Muttersprache volllabert. Er ist mir schon am ersten Abend aufgefallen, weil er zu klein, die Sitzbank zu niedrig, der Tisch zu hoch oder sein Jackett zu groß war. Oder es war eine ungünstige Kombination aus allem. Jedenfalls hatte dieser Belgier die

Arme auf dem Tisch aufgestützt, und die Schulterpolster seines Jacketts gingen ihm bis weit über die Ohren. Am zweiten Abend sind wir die letzten Gäste im Pub. Seit geraumer Zeit bestellt er immer weiter Herrengedeck: Pils und Schnaps. Ich lese. Irgendwann fragt er, ob er sich zu mir setzen kann. Ich sage: »Ich lese!«

Er steht auf und setzt sich an meinen Tisch, als hieße »Ich lese« übersetzt: »Bitte setzen Sie sich gern dazu und quatschen Sie mich voll. Sicher sind Sie wesentlich spannender und intelligenter als Max Frisch.«

Er ist älter, in Jeans und weißem Hemd und gehört zu den Typen, über die man ungefragt nach zehn Minuten mehr weiß, als man je wissen wollte: Er ist alleine auf dem Schiff, verheiratet, ja, aber die Frau mag keine Kreuzfahrten und fährt sowieso lieber mit ihrer Freundin in den Urlaub. Er ist in Rente und ein Fuchs, denn der Tagestrinkpass kostet hier nur schlanke 22 Euro, all inclusive, und 22 Euro trinkt er mit links wieder raus.

Der Belgier ist schon mächtig voll. Er hat mal irgendwas mit EU gearbeitet und kennt sich aus. Außenministerinnen begrüßten ihn mit Küsschen rechts, Küsschen links. Es wird nicht klar, ob er in der EU Abgeordneter war oder Hausmeister. Max Frisch verschwimmt vor meinen Augen. Der Belgier will mit mir über die EU reden. Gestern hat er versucht, mit Österreichern über die EU zu sprechen, aber die hatten überhaupt keine Ahnung. Österreicher eben.

Ob er mir das mal erklären soll mit der EU? Griechenland zum Beispiel. Alle faul, alle wollen bloß Kohle, und wenn sie mal was dafür machen sollen, gehen sie demonstrieren.

Ich lese Frisch. Er wirkt wie das Gegenteil. Nach einer Weile vernehme ich ein Geräusch, als hätte jemand eine geschüttelte Sprudelflasche geöffnet. Ich blicke über den Buchrand und sehe, wie sich der weiche, dicke rote Teppichboden dunkel färbt. Warum in meiner Sitzgruppe? Warum ich? Warum bin ich auf diesem Schiff? Die türkise Polstergruppe färbt sich um den Belgier herum ebenfalls dunkel. Der führende Hausmeister der Europäischen Union hat sich eingenässt. Er hat das Pubsofa angepisst.

Der Typ macht ein paar Brummgeräusche, ich überlege, was ich mache. Aufstehen, sagen »Sie sind ja wohl echt eine Sau« und gehen?

Ich entscheide mich für Aussitzen. Ich sitz ja nicht im Nassen. Soll er doch peinlich berührt hier raustapern und sich überlegen, was er sagt. Stattdessen macht sich der Belgier einfach eine Zigarette an. Ich dann auch. Es ist klar: Wer zuerst geht, verliert! Ich bin gewillt, die ganze Nacht sitzen zu bleiben. Jetzt geht es auch ums Prinzip!

Nach zwei weiteren Zigaretten rutscht er nach vorne und fühlt vorsichtig hinter sich den Sitz ab. Dann sagt er: »Bmhääh...« Ich schätze nicht, dass das in einer seiner sechs Sprachen ein gültiges Wort ist.

Er steht auf, befühlt seine Hose und sagt noch mal »Bmäähaäh«.

Die Jeans, die er trägt, ist kreisrund am Arsch nass, auslaufend bis zu den Knien. Als er sich hinter dem Tisch vorgequält hat, schielt er noch mal in meine Richtung, macht eine abwinkende Handbewegung und verabschiedet sich mit einem finalen »Bmhääh«.

Am nächsten Tag hat die Kreuzfahrtgesellschaft einen DIN-A4-Zettel ausgedruckt, eingeschweißt und auf die nass gewordene Stelle gelegt. »Wet Chair« steht da und ist in alle sieben Sprachen übersetzt, die auf dem Schiff gesprochen werden. Auf Deutsch: NASSSTUHL.

Abends kommt der Angepisste zu mir und sagt: »Ich wollte mich bei Ihnen entschuldigen, ich habe Sie mit jemandem verwechselt.«

Ach so, denke ich, Sie wollten eigentlich vor jemand anderem pinkeln, während gerade ein älterer Mann auf den NASSSTUHL fasst und dann zu seiner Frau sagt: »So nass isses eigentlich gar nicht«, bevor er sich setzt.

Der Belgier guckt sich das einfach nur an und bestellt etwas zu trinken. Kein Wunder, dass der es in der EU weit gebracht hat. Ich will nicht sagen, dass Frauen es erst dann geschafft haben, wenn sie sich ungerührt einnässen können, aber ich habe mir da auf dem Albtraumschiff vorgenommen, demnächst souveräner mit peinlichen Momenten umzugehen. Ahoi!

25
Wie ein Sprung vom Zehnmeterbrett
oder
Ich kann nicht nein sagen

Nein ist ein schwieriges Wort. Nein ist schwerer gesagt als gedacht, deswegen höre ich oft von Freunden: »Katrin, du musst lernen, nein zu sagen!«

»Ja, ja«, sage ich dann und scheitere beständig an einer ausgeglichenen Ja/Nein-Bilanz. Immer hängt das Nein satt im Minus.

Es fängt bei kleinen Gefallen an. »Kannst du mal eben das Päckchen an der Post vorbeibringen? Liegt doch eh bei dir auf'm Weg, oder?!«

Nein, will ich sagen, komme aber nur bis zum N..., denn man will ja nicht immer gleich so sein. Stell dich nicht so an, denke ich, mal eben zur Post; liegt zwar nicht auf'm Weg, aber was soll's?! Was bist du denn für eine Freundin?! Also sage ich nicht »N...ein«, sondern »N...atürlich« und stehe etwas später auf der Post in einer Schlange, die so lang ist, wie früher in der DDR, wenn's mal Apfelsinen gab, oder heute bei Apple, wenn das neue iPhone kommt. Es ist nämlich Vorweihnachtszeit, und jeder verschickt jetzt Pakete, und »... mal eben zur Post ...« killt meinen gesamten Vormittag, an dem ich vielleicht ein Mittel gegen Krebs gefunden hätte oder meinen Traummann oder wenigstens eigene Weihnachtsgeschenke (in der Reihenfolge der Wahrscheinlichkeit).

»Können Sie sich vorstellen, unsere Gala zu moderieren? Wir haben leider gar kein Budget, aber das Ganze ist für einen guten Zweck, und G. G. Anderson hat auch praktisch schon zugesagt.« Das Nein liegt mir schon auf der Zunge, aber am Ende sieht es dann so aus, als wär mir die artgerechte Haltung von Zuchtputen wurscht, als hätte ich kein Herz für bedrohte Tropenhölzer, geschlagene Kinder, gestrandete Wale, oder was auch immer der gute Zweck vom Benefizschlammcatchen in Bad Bumsheim an der Grütze ist, das übrigens auch verkehrstechnisch leider nicht ganz so günstig liegt, dafür aber die ganz reizende Pension Zum Goldenen Dödel hat, die seit zwei Generationen ein Familienbetrieb ist. »Es macht Ihnen doch nichts aus, wenn Sie da das Zimmer haben, wo das Bad auf dem Flur ist, oder? Ist ja für einen guten Zweck.« Jetzt sage ich nein. Nämlich: »Nein, das macht mir nichts aus.« Es ist das völlig falsche Nein, und ich könnte meine eigene Zunge essen, wenn ich könnte.

»Könnten Sie uns kurz aus Ihrem Urlaub ein Handyvideo schicken?«

Der Job geht vor, immer. Man will nicht so wirken, als hätte man was Besseres vor, als zu arbeiten. Einfach mal sitzen und lesen zum Beispiel. Sowieso ist ja immer alles nur »kurz«: Kann ich Sie kurz mal stören? Darf ich Sie kurz was fragen? Können wir kurz telefonieren, sollen wir uns kurz treffen ...? Hat mal jemand berechnet, wie lang kurz in der Summe ist? Aber ich habe eine Synapsenverdrehung im Sprachzentrum. Die macht auf dem Weg vom

Großhirn zur Zunge aus »NEIN! Lecken Sie mich am Arsch mit ihrer beschissenen kurzen Frage!« ein »Klar, kein Problem! Rufen Sie mich einfach kurz an!«

Ich finde mich selbst schon ziemlich asi, weil ich kurz den Wunsch hatte, im Urlaub einfach nichts zu machen. Das ist natürlich aktive Karriereverweigerung. Erholung ist nämlich was für Leute, die nichts erreichen wollen. Wer Zeit für sich braucht, macht sich lächerlich. Urlaub ... tsss. Nicht auszudenken, wenn das Leben seine Weichen gerade dann umstellen würde, während ich ein Nickerchen in der Hängematte mache. Fahrlässig. Dumm. Insofern: »Handyvideo, klar, bis wann brauchen Sie's?«

»Sammeln Sie Punkte?«

»Nein, Striche, geht das auch?«

Kurze Irritation auf der anderen Seite der Kasse, kurzer Triumph auf meiner Seite. Ich habe nein gesagt.

Die andere Seite kontert: »Wollen Sie denn nicht an unserem Bonuspunkteprogramm teilnehmen?«

»Nein, will ich nicht!« Ein zweites Nein.

»Aber es kostet Sie nichts, und Sie bekommen schöne Prämien!«

Bekomme ich nicht, wissen wir beide. Es ist einfach nur eine blöde Abzocke, weil die Kosten für den scheiß bunten Strandball, den ich mit vierhunderttausend Punkten gewinne, schon in den regulären Preisen mit drin sind.

»Nein, ich möchte keine Prämien ...«

»Aber Sie können dann auch –« Hinter mir werden die anderen Kunden langsam unruhig. Die machen alle mit beim Bonuspunkteprogramm. Ein viertes Nein kann ich mir nicht leisten. Ohne das vierte Nein sind die ersten drei nichts wert.

Jetzt hab ich jedenfalls ein Bonuspunkteprogramm.
»Wollen Sie mit uns über Gott sprechen?«
»Können Sie sich vorstellen, für unser Produkt Werbung zu machen?«
»Haben Sie Interesse, mal einen neuen Staubsauger auszuprobieren?«
»Wissen Sie eigentlich, wie viel Rente Sie später mal bekommen?«
»Möchten Sie unverbindlich diese Salbe gegen Scheidenpilz mitnehmen?«
Jedes Nein kostet mich Überwindung wie ein Sprung vom Zehn-Meter-Brett. Die anderen wissen das, spüren das, riechen das. Ich bin eine Ja-Sagerin.

»Kann ich deine Nummer haben?« Ende eines netten Abends, und der Typ, der das fragt, ist auch nett, aber nicht so nett, dass ich ihn gerne mit meiner Nummer abziehen lassen will. Eher mit einem »Tschüs, vielleicht sieht man sich mal …«

Man stand an derselben Bar, man hielt ein Getränk, man hat ein wenig gesmalltalkt, es war nett, aber es besteht kein Anlass zur Wiederholung. Jetzt will er meine Nummer. Ich sollte sagen: »Nein, lass mal. Der Abend war prima, aber deshalb brauchst du meine Nummer ja nicht.« Nur – bin ich dann nicht die Turbozicke, die sich wahnsinnig anstellt? Wirke ich nicht rückblickend verlogen, wenn ich jetzt nein sage? So, als hätte ich nur nett getan und auch den netten Abend nur vorgetäuscht?

Ich weiß, dass das Nein, das ich jetzt nicht über die Lippen bringe, wesentlich mehr Neins hinter sich herziehen wird. Ein Nein zu: »Ich wollte fragen, ob wir heute noch mal was trinken gehen?« und zu »Und was ist mit morgen?« und zu »Und übermorgen?«, die Folge-Neins zu »Sehen wir uns dann, wenn dein Urlaub / die Grippe / die Arktis-Expedition / deine Geschlechtsumwandlung vorbei ist?« (In der Reihenfolge meiner Ausreden.)

Kann ein netter Abend nicht einfach nur ein netter Abend sein? Und trotzdem sage ich nicht nein, sondern »Klar!«, und er sagt »Ich melde mich!«, und ich sage nicht: »Nein, bloß nicht«, sondern: »Ja, gerne.«

Wird das irgendwann besser? Mit zunehmendem Alter? Meine Mutter sagt: Nein.

# 26
Leerstand
oder
Scheitern an Beziehungen

Ich bin nicht mehr jung. Ich merke es an den anderen. Wenn Freundinnen anrufen und sagen, dass sie schwanger sind, erwarten sie mittlerweile von mir, dass ich mich freue und nicht mehr wie früher sage: »Ach du Scheiße, und was jetzt?« Schwangerschaften sind nämlich kein Unfall mehr, sondern Familiengründung. Familien werden um mich herum weit mehr gegründet als Start-ups. Immer noch. Das Konzept Familie ist ähnlich langlebig wie das Konzept Kirche, obwohl in beiden Fällen nicht klar ist, warum.

Meine Generation ist ja mit der Kelly Family großgeworden, die eindrucksvoll bewiesen hat, dass auch eine vermeintlich intakte Familie auf lange Sicht meist so auseinanderfällt wie das Gesicht von Michael Jackson, der aus einer notorisch zerstrittenen Familie kam. Jeder von uns kommt natürlich aus einer Familie, und die meisten berichten auf Nachfrage, dass es bei ihrer oft so harmonisch zuging wie zwischen Römern und Galliern. Aber offenbar verhält es sich mit diesen Erfahrungen ähnlich wie mit den Warnhinweisen auf Zigarettenpackungen: Sie werden massenhaft ignoriert. Sie gelten nur für die anderen. Man wird es selbst anders machen, besser. Die eigene Lunge wird sich blendend mit dem Nikotin verstehen, so wie die eigenen Kinder sich nie schreiend im Supermarkt auf den Boden werfen werden und der eigene Mann nie zu einem langweiligen Kerl mit Glatze und Bauch mutiert.

Ich habe viel Sympathie für solche Formen von Unlogik und bin trotzdem weit entfernt von Familiengründung. Ich bin Single. Ich finde das okay. Ich weiß nur nicht, warum sich sämtliche schwangeren, hochzeitswilligen Familiengründungsfreundinnen nie für ihre Lebensform rechtfertigen müssen, ich mich für meine aber ständig.

Da, wo ich herkomme, kann ich im Single-Zustand zum Beispiel nicht mehr lange hin, ohne dass sich alle fragen, was los ist. Mit 30 zu Weihnachten nach Hause zu den Eltern zu fahren ohne Mann und Kinder geht in Schwaben eigentlich nicht ohne Attest. »Sie macht doch Fernsehen ...«, ist keine Ausrede, die man gelten lässt. Von Modernität, urbanem Leben und ähnlichen Flausen sollte man sich als Frau mit 30 dann doch langsam mal verabschieden, findet man da, wo ich herkomme.

Die Schwaben haben Günther Oettinger erfunden, die S-Klasse und die Kehrwoche, man könnte auch sagen: die Spießigkeit. Dafür werden sie in Berlin ausgiebig gedisst, aber mein Eindruck ist, in Deutschland haben mental überwiegend die Schwaben das Sagen und nicht die Berliner. Tübingen ist auch in Bielefeld, Schwetzingen auch in Flensburg und Leimen auch in Grimma. Selbst in Köln hörte ich neulich, als ich auf der Suche nach einer Wohnung war, von einer gleichaltrigen Bekannten: »Du suchst echt noch mal eine eigene Wohnung? In deinem Alter? Willst du nicht lieber langsam mal übers Heiraten nachdenken?«

Alleinsein hat viele Vorteile, aber auch den Nachteil, dass einem niemand diese Vorteile glaubt.

Irgendwie hat die Gesellschaft ein paar Assoziationsketten, die 2014 eigentlich gar nicht mehr tragbar sind, sich aber so hartnäckig halten wie das Gerücht, bei der Mondlandung oder dem Tod von Elvis sei es nicht mit rechten Dingen zugegangen.

In den Augen der meisten ist Single sein, ähnlich wie arbeitslos sein oder Hunger haben, ein Zustand, der zwar hin und wieder eintritt, den aber jeder von Natur aus so schnell wie möglich wieder ändern will. Wer länger Single ist und nicht Priester, Nonne oder Serienkiller, macht sich verdächtig. Irgendwas stimmt doch da nicht.

Ein Single als Bundeskanzler ist weniger vorstellbar als ein Schwuler oder ein Behinderter auf dem Posten. Selbst Bin Laden, Assad und Saddam waren verheiratet. Oft traut man sich deshalb gar nicht zu sagen, dass man Single ist, man nuschelt sich so um eine Antwort herum: »Jaaoonäää, is grad ähh ... also, ich guck mal ...«

Dabei muss man sagen, dass Singles ja keine exotische Minderheit sind, sondern mancherorts schon die Hälfte. Die Paarvariante mag ja noch das Ideal sein, aber die Normalität ist sie doch schon lange nicht mehr.

Die Reaktion auf den Satz »Ich bin Single« ist aber immer noch: »Waaas? Wieso das denn? Du bist doch eine tolle Frau!« Unausgesprochen schwingt dahinter schon ein leichtes »... oder etwa nicht?«.

Es ist ein bisschen wie mit der sonnigen Altbauwohnung in zentraler Lage, mit Parkett, Balkon und ungemein günstiger Miete, die aber jetzt schon einen Tick zu lange leer steht. Auch da fragen sich alle: Wo ist der Haken?

Ich bin jetzt 31, noch halten sich die kritischen Nachfragen in Grenzen, noch gelte ich nicht als tragisch, aber wenn man zwei, drei Jahre weiterdenkt ... Wie lange kann ich noch erzählen, dass ich erst mal ein bisschen Karriere machen will und, warte, lass mich grade mal lauschen ... nein, da ist kein ticktackticktack, ich höre keine biologische Uhr ... keine Kinder haben möchte? Allerspätestens in fünf Jahren glaubt mir das keiner mehr.

Alles, was ich mann- und kinderlos erreichen werde, ist: MITLEID erregen! Ich brauche aber kein Mitleid! Ich habe ja keinen Krebs, sondern nur keinen Mann, ich bin einfach nur Single!

Und irgendwann hat auch keiner mehr Mitleid, irgendwann werden alle mich als schrullig verbuchen. Wie vermackt muss die Alte denn sein, dass die immer noch niemanden abbekommen hat? Komischerweise finden sogar die Einzelteile der unglücklichsten Paare, die ich kenne, dass sie trotzdem noch in der besseren Situation sind als die, die alleine sind.

Nur um es noch mal schriftlich festzuhalten: Ich habe nichts gegen Männer. Und auch nichts gegen Beziehungen. Bestimmt geht das sogar hin und wieder auf. Tom Hanks ist seit 25 Jahren verheiratet und sieht immer noch zufrieden aus. Manchmal sieht man selbst vor Seniorenheimen alte Pärchen, die sich an der Hand halten. Vielleicht ist es für den einen oder anderen genau das Richtige. Mich wundert nur die Ausschließlichkeit, mit der alle um mich herum dieser Idee nachhängen. Als sei Mann und Kinder für Frauen so unausweichlich wie Cellulite.

Dabei kann man doch an wenigen Themen so vielfältig scheitern wie an Beziehungen:

Fragebogen für Verliebte:

1. Willst du Kinder? ❏ Ja ❏ Nein ❏ Vielleicht
2. Glaubst du an Gott? ❏ Ja ❏ Nein ❏ Vielleicht
3. Ist Brunchen
   a) eine Art Frühstück oder b) ein Haufen Scheiße?
4. Findest du meine Freundinnen
   ❏ gut ❏ mittel ❏ geil oder ❏ völlig daneben?
5. Sind das im Ernst deine Freunde?
6. Hältst du mich aus, wenn ich völlig betrunken bin?
7. Meer oder Berge?
8. Sind Zahnpastareste im Waschbecken
   ❏ schlimm ❏ egal oder ❏ ein Grund zu putzen?
9. Auf einer Skala von 1 bis 10, wie übel ist es, wenn ich viel erfolgreicher bin als du?
10. Was macht dich glücklicher? ❏ Ich oder ❏ Geld?

| Es regnet

Am Ende schenken wir uns zu Weihnachten Gutscheine. Für ihn: ein Gutschein für ein Krimidinner, für mich: ein Gutschein für einen Tag Kletterwald im Allgäu. Man kann den Grad des Scheiterns einer Beziehung an den Geschenken ablesen: Gutscheine sind der Endpunkt. Davor kommt der Satz: »Wir schenken uns dieses Jahr nichts.« Oder praktische Geschenke. »Du brauchst doch eh eine neue Regenjacke.« Wir haben beide die Gutscheine nie eingelöst. Es war unser letztes gemeinsames Weihnachten.

II Hässlich

Die beiden brauchen eine neue Garderobe. Die alte hat er in die Beziehung mitgebracht. Sie war hässlich. Die Frau hat sie deswegen mit Sachen behängt, bis sie zusammengebrochen ist. Jetzt suchen sie im Möbelhaus eine neue. Er zeigt begeistert auf eine. Die ist hässlich. Schreiend hässlich. Wie moderne Kunst in einem Kleinstadtmuseum. Er findet das nicht. Er findet auch das Sofa neben der Garderobe im Möbelhaus schön. In Wirklichkeit ist das Sofa der hässliche Bruder der Garderobe. Er findet, sie sollten sich bald so ein Sofa kaufen und das alte ausrangieren. Das mochte er noch nie so wirklich, sagt er. Sie hat das Sofa in die Beziehung mitgebracht. Sie mag es sehr. Sie weiß plötzlich nicht mehr, wer das ist, mit dem sie da wohnt. Die beiden gehen garderobenlos wieder nach Hause. Sie haben nichts gefunden in dem Möbelhaus, sie haben sich dort nur verloren.

III Luft

Manchmal scheitern Beziehungen, bevor sie angefangen haben. Ein Mann, den ich seit mehreren Wochen gut finde, sitzt am Küchentisch und will eine Geschichte erzählen. Bevor ich weiß, um was es geht, geschweige denn, was lustig daran ist, fängt er an zu lachen. Dabei lacht er nicht richtig, es klingt eher, als hätte er Asthma. Fast tonlos, röchelnd, zieht er nur Luft ein, während der Mund starr zu so etwas wie einem Lächeln gezogen ist. Es ist, sagen wir mal, das Gegenteil von einem ansteckenden Lachen. Es sieht skurril aus und klingt völlig absurd, zumal ich nicht weiß, auf welche irrsinnig gute Pointe wir zusteuern, die es rechtfertigen würde, jetzt schon was vorwegzulachen. Wie sich im Laufe der nächsten Wochen herausstellt, kommt nie eine Pointe, aber immer dieses Lachen. Ich will nicht, dass dieser Mann lacht. Ich will nicht, dass er auch nur noch eine einzige Geschichte erzählt. Geschichte zu Ende.

IV Die Kontrolle

Es ist Samstagabend halb acht. Der Duschkopf ist seit Ewigkeiten ein Ärgernis. Seit Monaten scheitern wir daran, ihn auszutauschen, heute, jetzt, soll dem Scheitern ein Schnippchen geschlagen werden. Ich schlage vor, zum Baumarkt zu fahren, fix, halbe Stunde hat er noch offen. Der Mann, mit dem ich den Duschkopf teile, ist ab dem Moment baumarktbereit, in dem ich den Satz beendet habe. Jetzt steht er im Flur, bejackt und beschuht und wartet. Das ist kein neues Bild in unserer Wohnung.

Er steht da sehr oft so. Eigentlich immer, wenn wir irgendwohin wollen. Ich weiß, dass er da steht, ohne es sehen zu müssen, und bin gestresst. Ich finde meine Jacke nicht, weil ich gar nicht weiß, welche Jacke ich suche. Wie ist denn das Wetter draußen? Egal, meint der Mann, wir sitzen eh nur im Auto und sind dann im Baumarkt. Stimmt. Dann sind Schuhe das nächste Problem. Es ist nicht einfach, sich zu überlegen, was man einen ganzen Abend tragen will, auf welchen Absätzen man es am längsten aushält, und das noch darauf abgestimmt, wie man sich überhaupt fühlt. Manchmal ist das ja wichtig. Man sollte meinen, dass es einfacher wird, wenn man nur schnell irgendwohin will, zum Beispiel in den Baumarkt. Das Gegenteil ist der Fall.

In solchen Fällen fange ich an, nach etwas Praktischem zu suchen. Also eigentlich nach Schuhen, die ich überhaupt nicht besitze oder lange nicht gesehen habe. Turnschuhe, Schlappen. Ich renne zur Schuhkiste und finde nichts, Licht anmachen würde zu viel wertvolle Baumarktzeit kosten. Ich suche also in aufsteigender Panik Schuhe, die ich nie finden werde. Ich könnte das wissen, bevor der Stress überhaupt anfängt, aber wir reden hier nicht über etwas Rationales.

Der Mann steht immer noch im Flur. Gleich fängt er an mit dem Fuß zu wippen oder mit den Fingern an den Türrahmen zu klopfen. Das ist mein Countdown. Dann wird er sagen: Wenn wir jetzt nicht gehen, brauchen wir gar nicht mehr los … zwischen den Zeilen, in den Untertiteln, heißt das: Und das ist alles deine Schuld. Der verplemperte Samstagabend, der seit Wochen kaputte Duschkopf, die Öffnungszeiten des Baumarkts.

Nicht alle Menschen werden unter Druck und in Stresssituationen besser. Ich zum Beispiel nicht. In keinem einzigen Fall haben mich Menschen, die in Hausfluren trommeln, schneller ans Ziel gebracht. Stress macht mich hysterisch. Und wütend. Auch dieses Mal. Jetzt sind wir beide wütend. Er fragt sich, wie ich es jedes Mal schaffe, in dem Moment, in dem es losgehen soll, völlig die Kontrolle zu verlieren, so dass wir immer zu spät sind, für alles. Ich frage mich, warum er nicht einfach sitzen bleibt, sich entspannt und erst aufsteht, wenn ich im Flur stehe. Das ginge schneller und wäre für uns beide besser. Aber er will mich dazu erziehen, mich zu beeilen, und ich will ihn dazu erziehen, entspannter zu sein. Jeder hält seine Variante für die stressfreiere.

Irgendwann drehen wir uns im Kreis und reden nicht mehr darüber. Wir kennen dieses Gespräch schon zu gut. So fängt es immer an mit stillen Paaren.

V Jenseits von Afrika

Ich drehe durch. Immer mal wieder. Tage, an denen ich mir ernsthaft Fragen stelle, die sonst nur für Teenager und Männer in der Midlife-Crisis reserviert sind: Kommt da noch was? Oder ist dieser Quatsch hier schon echt das Leben?

Wird es sich immer so anfühlen wie der Versuch, sich mit einer Schreibmaschine bei Facebook einzuloggen, während alle anderen ein Smartphone haben? Ist das wahre Leben immer woanders? Bei den anderen? Ein Gefühl wie damals, als die anderen Kinder schon GZSZ-Kettenanhänger hatten, während bei uns zu Hause weiterhin nur drei Programme flimmerten. Oder wie kurz darauf, als ich mir zum Geburtstag einen eigenen Telefonanschluss wünschte, aber stattdessen eine DJ-Bobo-Platte bekam. Das Glück, dachte ich damals wie heute, kennt mich nicht, mag mich nicht, kann mich nicht leiden und geht deswegen immer zu den anderen.

Ist das selbstmitleidig? Aber hallo! Haben andere ganz andere Sorgen? Ja, sicher! Aber was nutzt einem diese Erkenntnis? Genauso viel wie damals, als Mutti immer auf die hungernden Kinder in Afrika verwies, wenn mir ihr Essen nicht schmeckte. Nix nutzt es! Soll sie den Fraß doch in die Wüste schicken, dachte ich damals. Für mich schmecken Rote Beete nach Torf. Ich würde die Afrikaner mal sehen wollen, denen man nach wochenlanger Dürre Muttis

Rote Beete auf den Teller legt. Ob die dankbar sein würden, war für mich noch lange nicht geklärt. Heute kann ich mein Essen weitgehend selbst bestimmen und fühle mich trotzdem oft so wie mit zehn an Muttis Küchentisch vor einem nicht kleiner werdenden Berg Roter Beete. Unfroh, ohne Hoffnung, dass das Leben bald wieder gut wird.

Mein Leben und ich haben an diesen Tagen eine Krise, was in den besten Beziehungen vorkommt. Ich bin beleidigt. Kann sich das Leben vielleicht mal ein bisschen mehr anstrengen, um mir zu gefallen? Immerhin wurde es mir als gut sortierter Gemischtwarenladen angepriesen, dieses Leben, und gut sortiert heißt nicht, dass es ständig nur Rote Beete gibt. Oder Wasser und Brot. Ich will auch mal Schokolade! Und Braten!

Und noch mal: Viele wären froh, wenn sie jeden Tag Wasser und Brot hätten, klar. Aber wer Liebeskummer hat, den tröstet es auch nicht, wenn er dabei einen Pelzmantel trägt. Und ich denke an solchen Tagen: Wenn ich in zehn Jahren noch dasselbe mache wie heute, wenn ich immer noch aus diesem Fenster sehe und da immer noch der verdammte Baum, in dieser beschissenen Stadt, vor diesem verfluchten Fenster steht, dann drehe ich durch. Und zwar wirklich. Also nicht so dezent im Britney-Spears-Style, wo ich mir vor laufenden Kameras die Haare abschneide oder RTL ins Mikro weine, nee, Freunde, dann ist richtig was gebacken. Mit Rumschreien und Amok fahren (Laufen ist ja nicht so meins, und mit einem Wagen kann ich echt richtig Schaden anrichten).

Ich drehe natürlich jetzt und hier schon durch, aber bislang noch auf Amateurlevel. Trotzdem sind da schon diese Stimmen im Kopf, und sie machen wenig Hoffnung: Doch, Katrin, so wie jetzt wird es immer bleiben. Das Glück ist da draußen und zeigt dir den ausgestreckten Mittelfinger, das Leben rast vorbei, wie ein ICE. Jetzt und für immer wird es sich so anfühlen.

Was tun?, frug Lenin einst, und meine schwäbische Verwandtschaft konterte solche Überlegungen mit: Frage dich nicht, was dein Leben für dich tun kann, frage dich, was du für dein Leben tun kannst. Wahlweise auch mit der Weisheit, dass jeder seines Glückes Schmied ist.

Ich überlege, alles hinzuschmeißen und noch mal ganz von vorne anzufangen. Vielleicht nicht gleich als Schmied. (Denn was, wenn das Glück nicht aus Eisen ist, sondern aus Holz, Wolken oder Zuckerwatte? Dann nutzt es ja nix, wenn ich Schmied bin.) Während ich überlege, mache ich Strecke auf dem Wohnzimmerteppich, indem ich gehetzt die Kanten nachlaufe, obwohl Laufen ja nicht so meins ist. Links, rechts, links, rechts. Ich brauche eine Idee, und beim Laufen kann man besser denken, heißt es. Mancher Teppich ist ja ein Läufer. Ich weiß jetzt, warum. Auf dem Sofa sitzt mein Freund, dessen Augen mir folgen, als würde er sich ein Tennisspiel von Außerirdischen ansehen.

»Jetzt hör doch mal auf! Das Gerenne macht mich ganz nervös.«

Sein Blick ist verständnislos, seit einer halben Stunde rede ich, während er mir in jeder Hinsicht versucht zu folgen.

»Wir müssen doch mal was Produktives machen im Leben. Fernsehen, wem bringt das denn was? Stell dir mal vor, in zehn Jahren sitzen wir immer noch hier. Das wäre doch schrecklich! Was will man denn sagen, kurz bevor man stirbt? ›Ich hab versucht die Welt zu einem besseren Ort zu machen‹ oder ›Ich hab was mit Medien gemacht‹?!«

Und nach einem Teppich-Halbmarathon hab ich eine

Idee: »Wir müssen nach Afrika und Kinder retten!« Verständnislosigkeit auf der Couch. Ich erzähle alles noch mal von vorne, kann ja nicht so schwer sein, da mitzukommen: »Müssen wir nicht Kinder in Afrika retten? Denkst du nicht auch manchmal drüber nach, alles hinzuschmeißen und einfach noch mal von vorne anzufangen?«

Vielleicht ist das mit den afrikanischen Kindern jetzt nur die Nachwirkung der Roten Beete. Vielleicht stimmt auch einfach was mit meinem Hormonhaushalt nicht. Wer weiß. An diesem Abend will ich jedenfalls wildentschlossen nach Afrika, als hätte noch nie jemand vor mir diese Idee gehabt.

So einfach rutscht man also in diese Benefiz-Falle! Plötzlich wird mir klar, wie die Christine Neubauers dieses Landes immer auf diese Plakate kommen, wo sie schwarze Kinder hochhalten und Spenden einfordern. Es geht ganz schnell. Einmal zu oft bei trübem Herbstwetter aus dem Fenster geguckt, sich einmal kurz bewusstgemacht, dass es einem spitze geht und gleichzeitig eben nicht, und schon ist man Jan Josef Liefers, der Deutschland nach zweitägigem Kurztrip in den Nahen Osten erklärt, wie das gehen muss in Syrien.

»Jetzt warte mal«, sagt der Mann auf der Couch. »Benefiz ist meistens ganz schlecht bezahlt. Außerdem wollten wir doch am Wochenende mit Björn und Silke an die Mosel.«

Hat er recht. Hatte ich kurz vergessen. Das hatten wir fest zugesagt. Björn hat sich extra freigenommen. Und wir haben neulich beim Kinoabend schon kurzfristig gekniffen. Da können wir jetzt nicht schon wieder absagen, wegen Afrika. Aber beinah hätte ich angefangen, die Welt zu retten.

VI Als Single

Ich kann alleine shoppen. Vor der Umkleide wartet kein Mann, dem man ansieht, dass er sich zwischen Schuhen, Kleidern und Oberteilen so wohl fühlt wie Rammstein auf einem Konzert von Florian Silbereisen.

Ich kann im Auto machen, was ich will. Ich höre Musik, ich kann super nachdenken, ich kann so viel rauchen, wie ich will, ohne dass jemand Frischluft braucht und sämtliche Fenster aufreißt. Ich kann anhalten, Pause machen, telefonieren und ungesundes Zeugs von der Tanke essen. Ich habe Zeit für mich und kann mich häufiger verfahren als Kolumbus, ohne dass es zu Streitereien kommt. Der Mann im Mond, die Frau im Auto, das sind für mich ideale Konstellationen fürs Singlesein.

Ich bin Herrin meines Badezimmers. Das Badezimmer ist ähnlich wie der Beichtstuhl, die Wahlkabine oder der Zahnarzt ein Ort, den man nur alleine aufsuchen sollte. Ein gemeinsames Badezimmer ist ähnlich romantisch wie ein Candlelightdinner an einer Autobahnraststätte. Das fängt für mich schon bei der Frage an, wer das Klopapier kauft. Gut, vielleicht bin ich doch schon schrullig.

Ich kann einen Sonntag so gestalten, dass er aussieht wie eine Vorabenddoku auf RTL 2: neun Folgen *Simpsons* am Stück, Tiefkühlpizza, drei lange Telefonate und ein dreiundvierzigminütiger Blick aus dem Fenster, vor dem nichts passiert. Ich hatte schon ganze Sonntage, an denen ich nichts weiter gesagt habe als: »Stellen Sie doch das Essen bitte da auf den Tisch«, »Danke« und »Stimmt so«.

Klar, auch ich komme mitunter nach Hause, und der Kühlschrank ist so leer wie das Bett und die Wohnung ruhig. Die Stille einer leeren Wohnung ist der Soundtrack des Singlelebens. Nicht immer ein Hit. Dann ist nichts zu hören als der eigene Herzschlag. Und sein eigenes Herz muss man erst mal aushalten. Das Glück ist ein scheuer Geselle.

27
Die kleine Kneipe am Ende der Liebe

Viele binden sich ja heute an ihren Internetprovider länger als an ihre Beziehungen. Mal vier Wochen nicht die *GALA* gelesen, und schon ist man überrascht, wer alles mit wem wieder Schluss gemacht hat, obwohl es vierzehn Tage zuvor noch die »Liebe meines Lebens« war. Manche leben sich offenbar binnen eines Monats auseinander.

Beziehungen unterschreiten heute zunehmend die Haltbarkeit von Dosenravioli, da sollte man eigentlich meinen, dass Schluss machen nicht so schwer sein kann. Auch dafür gibt's bestimmt 'ne App … Per SMS Schluss machen ist vermutlich schon Old School. Voll archaisch, wenn man's tatsächlich noch selber machen will. Also live, unter vier Augen. Aber ich bin manchmal altmodisch …

Dazu kommt, dass es bei mir dauert, bis sich die Erkenntnis durchgesetzt hat, dass es vorbei ist. Klar, das Beste hat die Beziehung hinter sich, so viel weiß man. Man muss es nur noch aussprechen. Was sagen, wenn alles gesagt ist? Text! Ich brauche Text! Und den richtigen Zeitpunkt.

Ich brauche einen Anti-Valentinstag! Wie gut wär das?!

Der 14. November ist weltweit der Tag, an dem Paare sich gestehen, dass es keinen Sinn mehr hat. Man schenkt sich einen Kaktus, und der andere weiß Bescheid. Es gibt vorgefertigte Postkarten »Danke für alles, aber es hat keinen Sinn mehr«, »Du warst eine ganz blöde Idee«, »Sorry, hab wen anders getroffen«, oder auch »Lass uns Freunde bleiben«. Irgendein Heiliger wird doch noch offen sein, nach dem man den Tag benennen kann!

So aber ist es alleine meine Entscheidung, und ich mache es wie immer, wenn Entscheidungen anstehen: Ich drücke mich. Ich bin hervorragend im Drücken. Regelrechter Drückerprofi. Die lange Bank, auf die ich Entscheidungen schiebe, reicht locker fürs Guinnessbuch. Ich tröste mich mit ganz logischen Gedanken wie: »Ah, heute hat er Tennis mit den Jungs, das will ich ihm nicht versauen …«, »Heute wollten wir ja zu Lisa und Frank, die haben bestimmt schon eingekauft, doof, wenn wir uns da jetzt trennen …«, »Im Horoskop steht, dass es nächsten Monat in der Liebe gut für mich aussieht, vielleicht warte ich noch, vielleicht ist das jetzt doch nur eine Phase …«, »Boah, ich hab grad so viel Stress auf Arbeit, das kann ich jetzt echt gar nicht gebrauchen, so Wohnung suchen und Möbel auseinanderzählen …«

Die Zeit, die es braucht, um das alles zu denken, führt zu: »In zwei Monaten ist Weihnachten, das ist ja auch blöd alleine, wart' ich also bis nächstes Jahr!«

Viele Beziehungen faden deshalb aus wie Lieder im Radio. Man wartet manchmal auch darauf, dass noch was passiert. Während man selbst gar nichts tut, hofft man auf ein Wunder oder dass die Bombe endlich hochgeht. Dabei ist man das immer nur selbst, sowohl Bombe als auch Wunder. Das Ende einer Beziehung ist eher keine Frage des richtigen Zeitpunkts, sondern des Mutes, sich selbst und den anderen in die Ungewissheit zu stürzen.

Ich bin wie gesagt altmodisch und deswegen dafür, lange zu überlegen und dann nach einem ausgeklügelten Masterplan zu handeln. Schließlich stehen Gefühle auf dem Spiel! Selbst wenn die Beziehung nur noch aus Schweigen, Augenverdrehen und keinem Sex besteht, rechnet man ja damit, den anderen zu verletzen, wenn man geht. Das will man meistens nicht. Man hasst ihn lieber weiter und redet sich ein, das sei wesentlich netter, als das Leid zu beenden.

Irgendwann hab ich einfach nachmittags angerufen und gesagt, ich muss mit dir reden. Ich habe es so gesagt, dass ich abends nichts mehr sagen musste. Die ganze Zeit des Rumdrückens und Verschiebens war letztlich die Vorbereitungszeit für dieses eine »Ich muss mit dir reden«. Eine Art »Sein oder Nichtsein« des Schlussmachens. Deswegen saßen wir abends schweigend auf der Couch, seufzten hin und wieder und sagten zwischendurch: »Ach, schon traurig...«, oder auch: »Tja.«

Weil ich ihn so gut kenne, weiß ich genau, wie er aussieht, wenn er verletzt ist: Hundeaugen. Was hatte ich mir Sorgen gemacht, dass ich in Zeitlupe mit ansehen muss, wie mit dem Ende unserer Beziehung sein Herz auseinanderfällt. Hauptsächlich wegen der traurigen Augen habe ich mich gedrückt. Es sind Augen, die sagen: »Du bist schuld! Wegen dir gucke ich so!« Gruselig.

Stattdessen sagten die Augen gar nichts und er selbst auch nur: »Schon traurig« und »Tja«. Ich wusste nicht recht, ob er so einsilbig war, weil er nix rafft oder weil er ein Mann ist. Diese Sorte Mensch ist ja in der Regel kein

Anhänger der These, dass man sich auch über Worte ausdrücken kann. Deswegen hatte ich mich schon darauf eingestellt, dass kein Redeschwall aus ihm herausbricht. Aber so gar keine Reaktion?! So gar kein Ansatz von traurigen Augen?!

Mein Gott, war ich enttäuscht! Ich war kurz davor, traurige Augen zu kriegen und zu sagen: »Sag mal, ich opfere hier Jahre und du wagst es, nicht mal in Tränen auszubrechen!?« Stattdessen sagte ich auch nur: »Tja.«

Und dann: »Schnitzel-Christian?«

»Herrengedeck?«

»Mhm.«

Wir sind in unsere Stammkneipe, weil es sonst nichts mehr zu tun gab. Es mussten keine Scherben beseitigt werden, es gab keine Erklärungen vorzutragen und nichts zu diskutieren. Wir konnten uns auf das Ende unserer gemeinsamen Zeit schneller verständigen als während unserer Beziehung auf das Ziel für einen Kurzurlaub.

Dann haben wir uns besoffen, mit einem Mix aus Kölsch und Ouzo, wie immer. Kölsch und Ouzo, in guten und in schlechten Zeiten. Und die schlechten waren jetzt vorbei, jetzt kamen die guten.

»Weißt du noch, als wir …

»Ja, oder als wir …«

Wir sind irgendwann völlig betrunken nach Hause, und keiner wusste so genau, was das jetzt gewesen war. Es war der beste Abend seit langem, nachdem der ganze Quatsch mal weg war, die stummen Vorwürfe nicht mehr gemacht und die stummen Erwartungen nicht mehr erfüllt werden mussten. Vielleicht hätten wir die Beziehung retten können, wenn wir sie früher beendet hätten.

Am Ende lagen wir uns weinerlich in den Armen. Warum haben wir es nicht geschafft? Warum waren wir nicht immer so wie jetzt? Warum war es jetzt zu spät?

Die 1-Million-Euro-Frage bei Jauch, und wir hatten beide keinen Joker mehr. Und keine Antworten. Und in diesen Fällen sagen die Kandidaten bei Jauch auch immer: »Ich glaub', ich geh nach Hause. Die anderen wollen ja auch noch drankommen.«

So ist es.

28
Bleiben oder gehen?

Jemanden kennenlernen und gut finden. Selten genug. Er ist witzig, nicht mein Typ, aber immerhin witzig. Bisschen zu prollig, aber trotzdem nett. Es ist ein schöner Abend, der in einem Hotelbett endet, während es dämmert. »Bleib«, sagt er, »bitte bleib.« Ich will bleiben, denke ich und ziehe mir die Schuhe an. Ich freue mich, dass jemand möchte, dass ich bleibe, und gehe, weil ich glaube, dass die fünf Stunden, die die Nacht noch hat, nichts ändern werden. Es bleibt eine Nacht. Oder wäre diesmal nach dem Aufwachen alles anders? Hängt es wirklich davon ab, ob ich jetzt bleibe oder gehe? Ich würde gerne ankommen, hin und wieder, zumindest für einen kurzen Moment, denke ich, als ich ins Taxi steige.

29
Édith Piaf
oder
Scheitern an Kurzmitteilungen

Kurz ist gut. Bei Röcken zum Beispiel oder in der Kunst. Bei Filmen, Theaterstücken, Geschichten. Schnell auf den Punkt kommen. Zehn kleine Negerlein sind ein Kinderlied, achtzig kleine Negerlein sind Überbevölkerung. Nein ... halt, so was steht heute unter Rassismusverdacht. Sagen wir so: Zwerge sind ja an sich schon kurz, aber selbst von denen hat man lieber sieben als siebzig.

Die heutige Zeit neigt zur Verknappung. Auch sprachlich. Lol. OMG. Rofl. In den Neunzigern sagten wir noch »... witzig« am Ende eines jeden Satzes. Heute schreibt man »rofl«. Nicht nur bei Teenies. Unter den meisten Mails steht mittlerweile LG. Es steht für »Liebe Grüße«. Aber wie lieb können Grüße sein, die man so schnöde abkürzt? Es ist wie ein Zungenkuss, bei dem man Zunge und Lippen weglässt, so dass nur die Spucke übrig bleibt. HDL. »Hab dich lieb«. Übersetzt: »Ich find dich schon prima, hab halt nur grad echt Wichtigeres zu tun!« Höflich ist anders.

Ich hab schon mal Mails unterschrieben mit hkzdog (Hab keine Zeit deswegen ohne Grüße), aber es hat keiner nachgefragt, was das soll. So was fällt heute niemandem mehr auf.

Neuerdings steht hinter dem LG oft noch das Namenskürzel. Der Redakteur einer Sendung, die ich moderiert habe, antwortete auf meine dreiseitige Mail:
KB, genau so,
VG
U

Klar, Karl Mays Hadschi Halef Omar Ben Hadschi Abul Abbas Ibn Hadschi Dawud al Gossarah hätte einen guten Grund, seinen Namen unter einer Mail abzukürzen. Wer aber nur Uwe heißt und das mit U abkürzt, muss schon verdammt wichtig sein. Oder gerade feststellen, dass sein Fallschirm sich nicht öffnet, während er diese SMS schreibt.

Szenenwechsel.
Ich bin in Italien im Urlaub und gerade am Versuch gescheitert, nüchtern zu bleiben. Ich sitze auf einem Stein und höre laut Édith Piaf über Kopfhörer, weil es so einfach besser klingt, wenn sie nichts bereut. Im Glimm von zwei Flaschen Wein und einem Prosecco fallen mir Zitate ein wie: Man bereut nie, was man getan hat, immer nur, was man nicht getan hat. Ich denke an all die Dinge, die ich nicht getan habe, aber getan hätte, würde ich immer Édith Piaf hören.

Ich tippe Kurznachrichten in mein Telefon und drücke auf Senden. Phantastisch, dieses schriftliche Reden, ohne den anderen sehen zu müssen. Die Katholiken wussten schon, was sie da mit dem Beichtstuhl erfunden haben. Man erzählt jemandem was, der da ist, den man aber nicht sieht. Die SMS ist quasi ein mobiler Beichtstuhl, denke ich. Und dass der Weißwein hier doch ordentlich reinhaut, denke ich. Und dass ich dennoch erstaunlich klar im Kopf bin.

Ich melde mich bei Exfreunden, gestehe, was ich wirklich denke, und drücke wieder auf Senden. Und ich melde mich bei Thomas, dem ich jetzt endlich auch mal Klartext tippe. Dass ich ihn eigentlich super finde, aber seine Freundin nicht, und er die blöde Plunze eh früher oder später in die Wüste schicken wird, aber dann kriegt er mich eben auch nicht mehr. Ich formuliere es anders. Logischer, besser, klarer. Ganz und gar auf den Punkt. Ich bin stolz auf mich und Édith Piaf.

Am nächsten Morgen wache ich mit Druck in der linken Gesichtshälfte auf, es muss nach Mittag sein, es fühlt sich nicht gut an, und gestern Abend ist eine graue Nebelwand.
Was war da noch? Édith Piaf, Stein, SMS.
Ich greife zum Telefon, ich lese meine Texte vom Vorabend und will mich direkt übergeben. Nein, bitte, das will ich nicht geschrieben haben! Ich will sofort eine Rückrufaktion, wie sie japanische Autohersteller immer mal wieder veranstalten. Toyota warnt davor, dass sich bei Tempo 180 die Radkappen lösen, Katrin Bauerfeind möchte, dass niemand, ich wiederhole niemand die gestern verschickten SMS liest. Selbst bei meiner Bank kann ich anrufen und sagen: Da hab ich mich bei einer Überweisung im Betrag vertan, die müssen Sie rückgängig machen. Aber so was gibt es für Kurznachrichten nicht. Geld und Autos kann man zurückholen, Buchstaben bleiben.
Ich versuche ruhig zu atmen. Mein Daumen hat gestern mein Schicksal in die Hand genommen, auf Befehl meines Wein-Hirns, das überzeugt war, eine Spitzenidee zu haben. Man kann doch so wichtige Dinge wie schriftliche Nachrichten nicht meinem Daumen überlassen! Der hat doch nun wirklich keine Ahnung!

Ich habe noch Restalkohol. Ich lese die SMS wieder und wieder und bin überrascht, dass ich die vor noch nicht mal zwölf Stunden tatsächlich für spitze gehalten habe.

Am späten Nachmittag kommt eine Antwort: »Hoffe es geht dir gut. T.«

Was soll das denn jetzt heißen? »Meld dich, aber nicht bei mir?« Oder: »Ich hoffe, dass es dir gutgeht, will's aber nicht wirklich wissen?« Warum schreibt der das? Warum schreibt er T Punkt? Ist er ein Telefonladen? Und wenn er schon T Punkt schreibt, warum schreibt er dann nicht gleich »WTF? T.«? Das würde ich kapieren.

Stattdessen verspekuliere ich den Nachmittag, was und wie es gemeint sein könnte. Vielleicht will er ja tatsächlich wissen, ob ich einen Kater habe oder wie es zu dieser SMS kam, aber das steht da ja nicht. Da steht: »Hoffe es geht dir gut. T.«

Ich tippe meinerseits wieder Text, lösche hier, korrigiere da, schneide aus, kopiere, füge woanders ein, mache eine Pause, speichere den Text als Entwurf und halte meinen Daumen im Zaum.

Der Effekt, dass Kurznachrichten Zeit sparen sollen, ist völlig dahin. Ich hätte auch eine Depesche mit einem reitenden Boten oder eine Brieftaube schicken können. Ich höre noch mal Édith Piaf, aber nüchtern funktioniert die nicht.

Am Ende lösche ich meinen Entwurf und schreibe:

Entschuldige! LG K.

30
Es gibt kein Sushi ...

Als ich jung war, wollte ich Spießerin werden. Bausparerin, Zweitwagenfahrerin, eine Frau, die eine von den fünfzig neuen Frisuren aus der *Brigitte* probiert und weiß, was für ein Farbtyp sie ist. Eine, die tolle neue Rezepte mit Tomaten ausprobiert und keinen Pool im Garten hat, aber ein aufblasbares Gummibecken. Draußen sind die Kleinen und planschen, drinnen sitzen die Großen und brunchen. So waren alle. So wurden alle. Wir nannten es damals nicht spießig, wir nannten es normal. Und ich war eine von wir. Ich dachte mit zwanzig, dass ich mit dreißig abends auf der Couch sitze, mit einem Mann. Meinem Mann. Ich sage: »Die Maier parkt mich immer zu. Wenn das so weitergeht, schreib ich mal an die Stadtverwaltung!« Er sagt: »Reg dich nicht auf, Schatz.«

Ich dachte, ich werde zwei Kinder haben, vielleicht ein Haus, auf jeden Fall ein Hobby. Mittwoch Pilates oder Yoga. Der Mann hat dienstags Tennis. Sonntags gucken wir zusammen *Tatort*. Zwischendurch gehen wir essen, treffen Freunde, fahren zweimal im Jahr in Urlaub und probieren, Sushi einfach mal selbst zu machen.

Ich würde von Cordula aus dem Kindergarten erzählen. Cordula, die mir total auf den Nerv geht mit ihrem Sohn Hendrik. »Hendrik hinten, Hendrik vorne«, würde ich sagen, und mein Mann würde sagen: »Reg dich nicht auf, Schatz.«

Ich dachte, so würde das Leben sein, und es wäre, dachte ich, ein gutes Leben. Ich dachte, so geht Glück.

Und heute? Mein Finanzamt will wissen, wie mein Jahr war. Mein Jahr schnurrt zusammen auf Belege in einem Schuhkarton. Wieder viel auswärts gegessen. In Hotels übernachtet, ohne Urlaub zu haben. Job-Hotels. Hotels mit Ausblick auf den Matratzen Concord an der nächsten Ecke. Hotels, die alle gleich aussehen, wie japanische Touristen. Gummibärchen auf dem Kopfkissen.

Ich bin viel beim Italiener gewesen. Guck, da ist die Handynummer von David Garrett. Wann war ich denn in Leipzig? Warum war ich in Bielefeld? Warum ist irgendwer in Bielefeld? Was bleibt von diesem Jahr? Tankquittungen vom Erlebnisrasthof Geiselwind. Das gibt's heute. Erlebnisrasthöfe. Und ich war da.

Vier Sportarten angefangen und wieder aufgegeben. Ein halbes Dutzend Bücher angefangen und nicht zu Ende gelesen, immer kommt was und wer dazwischen. Ich sage: »Ich hab morgen das Interview mit Moritz Bleibtreu, warum ist das denn so früh, da muss ich ja schon wieder die erste Maschine nehmen!«, und jemand aus der Agentur sagt: »Reg dich nicht auf, Schatz.«

Die Maskenbildnerin schlägt mir eine neue Frisur vor. Aus der *Brigitte*, sagt sie, kann man aber trotzdem machen. Geht so das Glück?

»Wo, Frau Bauerfeind«, fragt mich ein Journalist, »wo sehen Sie sich in zehn Jahren?«

»Vielleicht«, sage ich, »vielleicht auf einer Couch, mit einem Mann und zwei Kindern. Vielleicht probiere ich dann, Sushi einfach mal selbst zu machen.« Der Journalist denkt, ich meine es ironisch.

31
Spinat auf der Festplatte
oder
Wenn aus Menschen Eltern werden

Ich gehöre zu den Frauen, die Deutschland ruinieren.

Ich bleibe bisher mit meinen null Kindern weit hinter den durchschnittlichen 1,3 Kindern. Teilweise aus Trotz. Wenn alle anderen was machen oder wollen, mache und will ich tendenziell eher das Gegenteil. Das war immer schon so. Ich fand früher zum Beispiel auch Pferde doof. Oder Take That. (Das soll nicht heißen, dass Kinder dasselbe sind wie Pferde oder Robbie Williams. Pferde sind natürlich viel billiger, und Robbie kann besser singen.)

Ich kann insgesamt nicht so gut mit Kindern. Ich stelle oft die falschen Fragen (»Läuft er denn schon?« – »Ja, Katrin, der Junge ist fünf!«), und ich bin wahnsinnig schlecht darin, so zu tun, als sei das Baby süß, wenn es so aussieht wie ein kaputtes Alien. Außerdem habe ich Angst, so zu werden wie alle Mütter. Die meisten glauben, dass Frauen sich zwischen Karriere und Kind entscheiden. Ich glaube, sie entscheiden sich heute für oder gegen ein »Projekt«. Genau das sind Kinder heute, schon lange bevor sie auf der Welt sind und erst recht danach.

Und dann scheinen da noch eimerweise Hormone ausgeschüttet zu werden. Aus einer Frau, mit der man sich vor kurzem noch über den arabischen Frühling unterhalten konnte, über Ryan Gosling oder das neue iPhone, wird dann plötzlich eine Mutti, deren Wortschatz kurz hinter »Ah bababa« endet. Ich bin ja eigentlich keine Wundertüte, aber weiß ich denn, wie ich reagiere, wenn diese Hormone mich treffen? Warum sollte ausgerechnet ich immun sein? Nicht auszudenken, wenn ich auf einmal auch so werde wie die Eltern, die man, wenn man noch kinderlos ist, für komplett grütze hält.

Deswegen hab ich ja auch nie Drogen genommen. Ich wollte nicht so werden wie die Junkies am Bahnhof. (Wobei natürlich Kinder nicht dasselbe sind wie Drogen. Drogen machen ja eher schlank.)

Ich möchte nicht, dass ich es womöglich auch plötzlich sinnvoll finde, nach der Geburt eine zweiseitige Mail zu verschicken: »Hallo, ich bin Mariella. Ich bin jetzt da. Die Ärzte haben so lange auf dem Bauch von Mama rumgedrückt, bis ich einen Kopfstand gemacht habe. Eigentlich hat es mir im Bauch von der Mama ganz gut gefallen, aber dann wollte ich doch so schnell wie möglich da raus – zwei Wochen früher als geplant. Zu Hause habe ich auch schon ein eigenes Kinderzimmer, in dem gefällt es mir sehr gut!«

Mails im Namen von Babys zu verschicken halte ich für mindestens genauso grenzwertig wie Hunden Halsbänder mit Swarowskisteinen umzuhängen. (Womit ich nicht Kinder und Hunde gleichsetzen will. Hunde gelten ja gemeinhin als der beste Freund des Menschen.) Aber solche Mails gehen jetzt als normal durch.

Ich habe eine bekommen mit Fotos, »Endlich!« war der Betreff, und angehängt waren Bilder vom ersten festen

Stuhlgang im Töpfchen! Weil die Eltern so stolz waren. Eine Mail. An alle Freunde. Mit Fotos. Die Scheiße von Mariella!

Mich haben meine Eltern mehr oder weniger zweimal geknipst. Bei der Taufe und als ich von zu Hause ausgezogen bin. Das finde ich unterm Strich besser.

Heute folgen ständig weitere Fotohighlights aus dem Leben des Kindes. Die ersten vier, fünf Jahre werden in Echtzeit festgehalten und weitergeleitet. Meine halbe Festplatte ist schon mit Kinderbildern vollgemüllt. Als die heutigen Eltern vor drei Jahren noch als kinderloses Paar auf Rundreise in Australien waren, hab ich nicht so viele Fotos bekommen. Damals drei Fotos von Koalabären und heute 16 Gigabytes von Mariella. Und ich weiß, wen ich süßer finde.

Damals kriegte man auch noch nützliche Infos. Dass der Kopf im Verhältnis zum Körper zu groß ist und trotzdem eine relativ geringe Gehirnmasse hat, also beim Koala (wobei ich da auch Parallelen zu Mariella sehen würde). Jetzt kommen Fotos vom Kind, grün im Gesicht: »Ich habe heute zum ersten Mal Kartoffeln mit Spinat gegessen. Mhm, lecker!«

Ich war kurz davor, zu antworten: »Ich hab heute schon fünf Milchkaffee getrunken, vor elf Uhr ... mhmmm, lecker!« Was ist die angemessene Reaktion auf Kartoffeln und Spinat? La Ola? Standing Ovations? Muss ich was überweisen?

Von mir aus soll sich jeder bescheuert freuen, von mir aus soll auch jeder das Kind in allen Lebenslagen knipsen, aber bitte nicht rumschicken! Wie wäre es mit einem Album, das man dem Kind später zur Hochzeit schenkt? Die Reaktion des Kindes bei der Hochzeit ist dann in etwa die

Reaktion von allen anderen, denen man das Zeug jetzt schickt.

Ich habe früher immer laut mit dem Fuß aufgestampft, wenn meine Mutter Geschichten über mich erzählt hat. Es war mir peinlich, alle haben gelacht, und meine Mutter war in diesen Momenten eine Verräterin. Ich wüsste nicht, wie sehr ich sie gehasst hätte, wenn sie dazu auch noch Fotos gezeigt hätte. Hätte sie eine Facebook-Seite oder eine Homepage für mich angelegt, was ja heute der trendigste Trend ist, um Töpfchen-Fotos zu posten, hätte ich sie ab da sofort gesiezt und mich von irgendwem adoptieren lassen. Auch als Kind hat man doch eine Privatsphäre!

Wie gesagt, es trifft auch Frauen, die vorher noch komplett zurechnungsfähig waren. Eben noch weltoffen, jetzt mit einem Radius von der Eingangstür bis zum Ende des Gartens. Neulich musste man noch die Schuhe am Eingang ausziehen, jetzt liegen das Spucktuch auf der Couch, Fühlbücher auf dem Teppich und ein Babyschuh im Gemüsefach. Das Wohnzimmer ist ein Spielzimmer und der Garten ein Spielplatz, auf dem das Kind auch mit fünf nicht alleine spielen darf.

Selbst Rutschen wird anscheinend mittlerweile für lebensgefährlich gehalten. Ohne Helm geht Mariella nicht mehr auf die Wippe. Für mich hat das nichts mehr mit Aufsichtspflicht zu tun, das grenzt an Freiheitsberaubung. Für alle Beteiligten. Die Eltern erscheinen nicht mehr auf Partys, irgendwann werden sie nur noch beim Babyschwimmen oder im Pekip gesehen. »Komm doch zu uns. Ist praktischer. Das Kind muss ja um sieben ins Bett, und es ist schon wichtig für die Entwicklung, dass es im eigenen Bett schläft.«

Schon seltsam, wenn Eltern nur noch das Leben ihres

Kindes leben. Ja, ich weiß, nette Menschen würden das einfach glücklich nennen, ich nicht. Aber aus Notwehr! Die Mütter haben angefangen. Mütter sind oft auch nicht nett. Die haben tatsächlich keine Hemmungen, zum Brunch einzuladen, um dann minutiös von der Konsistenz der Kotze ihrer Kinder zu erzählen. Und sie waren dabei, als Mariella die Pusteblume im Garten entdeckt hat. Was für eine Aufregung! Da kann der neue James Bond einpacken, so spannend muss das gewesen sein! Selbst an netten Tagen geht mir irgendwann kein »Süß ...« mehr über die Lippen. Denkt doch zwischendurch mal dran, dass die Eltern von Beate Zschäpe wahrscheinlich auch mal so begeistert über ihre Tochter waren! (Ich will Mariella nicht mit Beate Zschäpe gleichsetzen. Über die kommt viel im Fernsehen, ich bin nicht sicher, ob Mariella das hinkriegt.)

Und weil es eh schon verbittert klingt: Mich nervt, dass ich zum Publikum degradiert werde, zum Klatscher für die normalsten Vorgänge der Welt. Selbst wenn das Kind deutlich zurück ist für sein Alter und nur von links nach rechts rollt, während alle anderen schon lesen können, wird so getan, als ob es trotzdem eine Medaille für Einzigartigkeit verdient hätte.

Ich weiß, es hat oberste Priorität, das Kind zu lieben. Man liebt es ja auch trotzdem, selbst wenn es noch nicht alles kann. Reicht da nicht auch ein einfaches: »Kann er halt nicht, macht ja nix!«, statt auch da so zu tun, als wäre auch etwas nicht zu können eine außergewöhnliche Begabung und irrsinnig besonders?

Und davon abgesehen – auch im Leben von Kinderlosen passiert hin und wieder noch was. Kinderlos ist nicht das neue langweilig. Und: In einer neuen Umfrage sagen vier von zehn Frauen, dass sie die Elternzeit bereuen. Und ich habe neulich eine Frau getroffen, die es als Bestandteil des Geburtsvorbereitungskurses betrachtete, rote und gelbe Karten zu basteln. Auf den gelben steht: Less Baby Talk und auf der roten: No more Baby Talk. Nur für den Notfall.

32
Nachts, betrunken und allein
oder
12 Dinge, die mit 30 anders sind als mit 20

1. Ich weiß jetzt, was eine Knitterfalte ist. Es ist ein temporärer Grand Canyon im Gesicht, ein Abdruck vom Kopfkissen, der zwei Tage lang nicht weggeht! Ich mache mich noch immer lustig über Schönheitschirurgie, checke aber prophylaktisch die Möglichkeiten von Anti-Aging-Behandlungen ohne Messer. Dafür habe ich keine Babyspeck-Backen mehr!

2. Mir wachsen jetzt Haare aus dem Muttermal. Manchmal so viele und so lange, dass Maskenbildnerinnen sie kurz vor einem Auftritt zupfen wollen. Vor ein paar Jahren habe ich noch über Harald Schmidt gelacht, dem Maskenbildnerinnen die Nasen- und Ohrhaare schneiden müssen. Kein Lachen mehr.

3. Ich kaufe keine Schuhe mehr, die eine Nummer zu klein sind, weil ich denke: »Ach, das geht schon!« Ich kaufe Hosen auch nicht mehr eine Nummer kleiner, weil ich denke: »Ach, dann nehme ich halt ab!« Ich weiß trotzdem nicht, ob ich gelassener oder realistischer geworden bin...

4. Ich gehe nicht mehr in die Disco, um gut auszusehen,

sondern nur noch zum Abspacken. Ich weiß, dass es nicht mehr Disco heißt, sondern Club, und sage trotzdem Disco …

5. Menschen unter 26 siezen mich, und alle über 40 sagen: »In unserem Alter …« Beides klingt irgendwie falsch.

6. Ich bin zu alt für Justin Bieber. Der muss so was sein wie Take That, nur alleine. Gut, ich habe damals auch Take That nicht verstanden, fühle mich aber mittlerweile wie meine eigene Oma, die sagte: Mach die Hottentottenmusik aus!
Ich fahre an Plakaten für kommende Konzerte vorbei und habe von der Hälfte der Bands noch nichts gehört.

7. Ich finde Undercuts hässlich und furchtbar und habe ehrlich gesagt Angst vor Frauen, die sich die Haare unter dem Deckhaar wegrasieren lassen. Bei solchen Frauen vermute ich, dass sie in ihrer Freizeit andere Frauen hauen, und merke, dass ich mehr Vorurteile habe als früher und mitunter dieselben, die meine Uroma schon hatte …

8. Ich bin zu alt, um digital native zu sein. Ich habe Internettrends verpasst. Als ich bei einer Webvideopreisverleihung war und die YouTube-Stars Lord Abbadon und Caddy Coldmirror abgefeiert wurden wie Popstars, musste ich heimlich googeln, wer das ist. Dann hab ich mir deren Videos im Internet angesehen und nicht verstanden, warum das jemand geil findet.

9. Die Angst ist zu meinem ständigen Begleiter geworden! Nachts, betrunken und allein durch Parks, wie vor ein paar Jahren noch … pah! Ich kann nicht mal mehr Krimis lesen. Angst vor Zukunft, Angst vor Menschenaufläufen, dem Zahnarztbohrer … seit neustem habe ich

Höhenangst oder Angst, dass das Flugzeug abstürzt, oder beides!

10. Beim Anblick der Fünf-Minuten-Terrine im Supermarktregal schüttelt es mich – und das war früher mein Lieblingsgericht! Dr. Oetker, Maggi und Knorr sind nicht länger die besseren Köche. Ich war mal ein klassischer Schnibbel-Brutzler, also jemand, der alles zusammenschnibbelt, was da ist, und dann erst mal anbrutzelt. Ich habe meistens nach Gefühl und ohne Rezept »gekocht«, weil ich es einfach nicht besser konnte. Ich habe mich beim Gedanken erwischt, ob es mir überhaupt zustand, einen Herd zu haben, wo ich doch nicht wusste, was tranchieren ist. Die Fernsehköche, die wollten, dass ich besser und gesünder lebe, hatten auf mich den Effekt, dass ich glaubte, ohne Fachliteratur nicht mal den Kochlöffel richtig halten zu können. Mittlerweile bin ich so weit, dass ich mir glaubhaft einrede, Kochen würde mich entspannen. Es war eben schon immer wichtig, auf der richtigen Seite des Herdes zu stehen. Also dahinter.

11. Ich frage mich, wie junge Leute ihr Leben multimedial auf die Kette kriegen.

12. Wenn ich gewusst hätte, dass die Jugend so kurz ist und die Cellulitis so schnell, hätte ich nur Miniröcke getragen. Ich habe jetzt also eine Ahnung davon, warum ein kluger Mensch sagte, die Jugend sei an junge Leute verschwendet ...

Dinge, die sich nicht ändern, obwohl ich 30 geworden bin:

1. Überraschenderweise bin ich nicht zierlich und feingliedrig geworden, wie ich wirklich sehr lange gehofft hatte.
2. Ich dachte früher, in diesem Alter sind alle erwachsen und wüssten Bescheid ... Heute weiß ich: Man hat zwar mehr Ahnung als mit 20, aber davon immer noch verdammt wenig.

33
Hühnersuppe, Lakritz, Schnabeltasse

Freundschaften sind stabiler als Beziehungen. In einer Beziehung fragt man sich mitunter, warum man noch da ist. Freundschaften halten das aus, der Partner oft nicht. Aber wenn Freundschaften zerbrechen, trifft es einen umso härter.

Die erste Freundin, die ich verloren habe, war immer an meiner Seite, bis zum Abitur. Steffi und ich saßen, aßen und rauchten nebeneinander, wir standen in der Straßenbahn und der Disco nebeneinander. Jedes Wochenende. Lange vor Katy Perry knutschten wir besoffen miteinander rum, um zu wissen, wie es ist, miteinander rumzuknutschen. Es war auf der Abifeier, und wir waren beste Freundinnen.

Nach dem Abitur ging sie dann in die eine Stadt und ich in eine andere. Vierhundert Kilometer weiter weg war es auf einmal schwierig, Tipps zu Jan zu geben, zumindest schwieriger, als nächtelang Sebastian zu analysieren, der mit uns in der Klasse war.

Wir brauchten andere Menschen, die wieder ein Teil unseres Lebens sein konnten. Dabei dachte ich, dass man nicht jeden Tag ein Eis essen gehen muss, um miteinander befreundet zu sein.

Als Steffi mich dann in Köln besuchte, war sie hauptsächlich wegen der Discos gekommen, und jeder Satz begann mit Party. Ich ging ihr zuliebe bis morgens um fünf auf eine Party, und als sie auf dem Nachhauseweg die erste Bäckerin vor ihrem Laden sah, die gerade anfing zu arbeiten, schrie Steffi: »Guck mal, die arme Sau muss arbeiten, und wir kommen grade erst heim. Wie doof die ist, dass die arbeitet, und wie geil ist eigentlich mein Leben?!«

Ich habe selten jemanden so blöd gefunden wie Steffi in diesem Moment. Es war definitiv nicht die Steffi, die ich kannte oder zumindest dachte zu kennen. Das Abi war grade mal ein halbes Jahr her. Als sie meine Wohnung in Köln verließ, war klar, dass sie auch mein Leben verlässt und dass ich nicht mehr anrufen würde. Ich hatte meine erste Freundin verloren.

Rock am Ring in den Neunzigern, für meine neue beste Freundin, mich und unsere Freundschaft das erste Festival. Wir dachten, es wird aufregend und spannend, ein unvergessliches Erlebnis. Das wurde es auch, aber nicht im positiven Sinn. Es regnete drei Tage lang bei gefühlten fünf Grad. Es war kein Festival, sondern die Sintflut mit Musik. Uns war kalt, das Bier war noch kälter, die Musik nur so lala. Tagelang vor Bühnen stehen war langweiliger als gedacht. Dem Sänger von R.E.M. lief die angemalte Augenbinde durchs Gesicht, wir gingen abends in unsere nassen Schlafsäcke, legten uns auf den feuchten Boden und blieben ungeduscht, weil die Schlange am Morgen immer zu lang war. Wir waren müde, durchgefroren und schlecht gelaunt, nur alle anderen waren super drauf. Keiner von uns gab sich Mühe, so zu tun, als wäre er nicht genervt. Von sich, vom anderen und vor allem von diesem beschissenen

Festival. Festivals sind nichts für uns, wir wussten es beide, aber keiner wollte es laut sagen.

Drei Tage Hölle, Hölle, Hölle, aber Freundschaften halten das aus. Wir kannten uns und wussten, wie scheiße wir sein konnten, wie sehr wir uns nerven konnten, wie böse und fies wir werden konnten und wie wenig nett zueinander wir sein durften. Natürlich trennten wir uns nicht. Mit der besten Freundin kann man nicht Schluss machen. Und doch hat es nicht gehalten, zumindest nicht so ewig wie geplant. Nach etlichen Schwärmereien und Beziehungen, depressiven Phasen in allen Ausprägungen, gemeinsam gefeierten Erfolgserlebnissen, positiv geglaubten Schwangerschaftstests und unzähligen durchgequatschten Nächten kam irgendwann der Typ, auf den sie anscheinend gewartet hatte. Ich kam mir vor wie ein Platzhalter für das richtige Leben mit dem Richtigen. Ich hoffe jedenfalls, dass er es ist. Vielleicht fällt dieses Platzhalten ja auch in den Aufgabenbereich der besten Freundin ...

Der Job der besten Freundin ist nicht einfach und nicht klar definiert. Anders als beispielsweise Bundespräsident. Das kann jeder werden. Man muss nur mindestens 40 sein, darf keinen bezahlten Job haben und nicht vorbestraft sein. Das war's. Wenn man's dann ist, darf man im Prinzip machen, was man will. Daran sieht man, wie wichtig die Position meiner besten Freundin ist, denn ihr Anforderungsprofil ist ungleich anspruchsvoller:

I. Du kannst alle meine Geheimnisse kennen, aber du musst sie für dich behalten. Alle. Auch den absurdesten One-Night-Stand mit dem hässlichsten Menschen auf dem Planeten. Auch nach vier Gin und drei Sambuca in bester Plauderlaune mit guten Freunden darfst

du nicht sagen: »Ihr ratet nie, mit wem die Katrin neulich im Bett war!«
II. Du darfst wissen, dass ich der Ratgeberliteratur verfallen bin, aber du darfst nicht die Augen deswegen verdrehen oder mich für einen mittelschweren Freakfall halten. Auch nicht heimlich.
III. Wir können uns morgens um drei anrufen, weil eine von uns einen Schlafplatz braucht oder weil man eine Krise hat, die nicht bis neun Uhr warten kann.
IV. Du kannst beleidigt sein, wenn ich dein Essen nicht so gerne mag, für das du »stundenlang« in der Küche geschuftet hast. Du kannst schnippisch werden, wenn dir etwas nicht passt, statt es einfach zu sagen. Es ist nicht so wichtig.
V. Wir, und nur wir, können uns gegenseitig sagen, dass eine von uns diese eine Hose nicht mehr anziehen kann. Weil die eine von uns zugenommen hat. Wir werden es dennoch im Sinne unserer Freundschaft freundlich formulieren: »Die steht dir besser, wenn du braun bist!«
VI. Du hältst mich aus, wenn ich krank bin. Und umgekehrt. Ich bringe dir Hühnersuppe mit. Und Lakritz. Und Klatschheftchen.
VII. Wir halten uns aus, wenn eine von uns den Job verliert oder die Beziehung den Bach runtergeht, oder man einfach ein paar schlechte Tage, Wochen oder Monate hat. Depressive Phasen machen auch aus einem Feuerwerk an Frau einen anstrengenden Haufen Mensch. Ich werde dich trotzdem nicht verlassen. Und umgekehrt.
VIII. Ein neuer Mann darf dein Leben nicht so durcheinanderbringen, dass ich darin keinen Platz mehr habe.

Umgekehrt verspreche ich ihn so zu behandeln, wie Eltern mit dem Gemüse umgehen, das sie den Kindern schmackhaft machen wollen. Ich werde es zehnmal mit ihm versuchen, bevor ich ihn nicht mag.

IX. Selbst wenn ich ihn nicht mag, werde ich mich angeregt mit ihm unterhalten, auch wenn er nichts zu erzählen hat. Selbst dann werde ich den Kopf in den Nacken werfen, scheppernd lachen und immer wieder betonen, wie amüsant ich alles finde, wie krass oder wie abgefahren. Irgendwas. Manchmal muss man seine Glaubwürdigkeit strapazieren, der Freundschaft zuliebe. Das erwarte ich umgekehrt auch.

X. Ich werde deinen Neuen befürworten und sagen: »Richtig so, weitermachen, glücklich sein!« Solange du glücklich aussiehst. Das erwarte ich umgekehrt auch von dir. Egal, wen ich da anschleppe. Wir sagen uns gegenseitig nicht, dass wir da den ödesten Langweiler seit Christian Wulff (s. o. Mindestvoraussetzungen für das Bundespräsidentenamt) aufgerissen haben oder dass der Ex doch mal bitte schön um Längen besser aussah.

XI. Ich verstehe, wenn du dich in der ersten Verliebtheitsphase nicht mehr täglich meldest. Ich finde es blöd, aber ich verstehe es. Selbst wenn du bis dahin siebenmal am Tag angerufen hast, wegen allem und nichts, könnte ich für einen gewissen Zeitraum damit leben, dass Funkstille eintritt. Auch wenn es bedeutet, dass ich ebenfalls nicht mehr neunmal wegen allem und nichts anrufen kann, aber wenn es glücksfördernd für dich ist, gehört das zu meinem Job. Ich habe mir zwar für mich versprochen, dass man auch gleichzeitig neu verliebt und alt befreundet sein kann, aber wer weiß ...

Anders als der Job des Bundespräsidenten ist der Job der besten Freundin nicht bezahlt. Aber er ist auch nicht befristet. Er gilt für immer.

Du und ich, wir werden mit neunzig bei einer Prosecco-Schorle in einer Schnabeltasse in diesen beiden Schaukelstühlen auf der Veranda sitzen und auf deine und meine Enkel gucken. Wir werden uns erinnern an die Jörns und Bens und Jeans, die wir hatten. An alle Macken und Krisen. Und wir werden uns mild und zahnlos anlächeln …

34
30 mit Trara und Tröte
oder
Scheitern am Jungbleiben

Ja, ich bin jetzt über 30! Aber mir geht es gut, wirklich! Danke.

Es ist ja nur eine Zahl. Es war vorhersehbar, dass auch ich irgendwann 30 werden würde.

Ich gehöre nicht zu denen, die sich verrückt machen, nur weil sie älter werden. 30, was soll's? 30 ist heute nur ein anderes 20. Ich bin doch noch jung, oder? Gut, ich bin jetzt zu alt, um noch Wunderkind zu werden. Oder Topmodel. Gut, im Fernsehen vergisst der Kommentator bei keiner Sportlerin zu erwähnen, dass sie jetzt auch schon 30 ist und damit das Karriereende vor Augen hat. Aber ich war eh nie wild auf Rhythmische Sportgymnastik, Schwimmen oder Tennis. Gut, ab 30 braucht die Haut mehr Feuchtigkeit, weiß ich aus dem Werbefernsehen meiner Kindheit. In meinem jetzigen Werbefernsehen sehe ich, dass die Frau, die für eine Art Erwachsenenwindel wegen einer Art Inkontinenz wirbt, so aussieht, dass ich sie vor zehn Jahren noch für knapp über 30 gehalten hätte. Ja, die Fruchtbarkeit lässt jetzt so langsam nach, sagt das Internet, und auf den Webseiten der Schauspielagenturen lassen Schauspielerinnen meines Alters so langsam das Geburtsjahr weg. Aber nein, die 30 kann mir trotzdem nichts! Ich hab wirklich schon genug Ängste, die Angst vor der 30 kann echt mal jemand anderes übernehmen.

Das ist ja nun auch wirklich eine blöde Angst. Ich hab das im Bekanntenkreis ein paarmal gesehen, und keinem steht die Panik vor der 30. Manche sahen aus, als hätten sie eine unheilbare Krankheit diagnostiziert bekommen.

»Ist es Krebs, Herr Doktor?«

»Nein! Tut mir leid, es ist Alter! Sie werden 30! Da können wir gar nichts machen!«

»O mein Gott, gucken Sie doch bitte noch mal nach, vielleicht ist es ja doch bloß Lepra!«

Was hatten damals alle für eine Panik vor dem Jahr 2000! Weltuntergang, Computerabsturz, nix geht mehr. Und dann: Nüscht war's. Ein stinknormales Jahr. Bayern wurde Deutscher Meister, Schumi wurde Weltmeister, und ein neuer Harry Potter kam raus. Und 30 ist ja eine Art privates 2000.

Reinfeiern ging bei einigen gar nicht und Überraschungsbesuche um Mitternacht nur, wenn einem nichts an der Freundschaft lag. Stattdessen ein Minimalfest mit Kaffee und Kuchen, wie man es von Senioren kennt. Menschen in einem Alter also, bei dem man erst nach dem Fest die Geschenke auspackt, denn man bekommt eh wieder Kaffee, Seife oder Pralinen! Und es ist ja auch wurscht …

Neuerdings dürfen auch junge Eltern zu Kaffee und Kuchen laden. Wo früher bei Partys im Wohnzimmer noch Bierflaschen lagen, liegen jetzt nur noch Kleinkinder, und wer nur alle drei Monate mal acht Stunden am Stück schläft, darf auch Kaffee-Geburtstage feiern. Aber dann ist auch eigentlich schon Schluss mit den Ausnahmen.

Deswegen habe ich in den 30. fett reingefeiert! Im großen Kreis, mit großem Trara! Soll die 30 doch kommen, dachte ich, ich trage einen Partyhut und habe eine Tröte! Das Alter kann mir gar nichts. Das Leben macht auch noch mit 30 Spaß, lalala, kein Unterschied zum 29.! Ätsch!

»Man ist nur so alt, wie man sich fühlt«, »Es ist doch nur eine Zahl«, »Selbst Jesus war da noch nicht tot ...« Ich hab so viele Sätze zum 30. bekommen und freue mich am meisten über: »Die geilste Zeit ist zwischen dreißig und vierzig!«

Dann stand ich neulich bei einer Feier zufällig neben einer Vierunddreißigjährigen und merkte irgendwann, dass wir uns schon seit geraumer Zeit über unser Alter unterhielten. Wieder mal! Ich kenne dieses Gespräch, ich führe es eigentlich ständig, seit ich dreißig bin.

»Mit 30 ist schon alles anders.«

»Was hat sich denn bei dir verändert?«

»Na ja, eigentlich nichts, aber alles ist anders!«

Dann sagt immer erst mal keiner was, und es wird verständig genickt. Es ist so wie nach einer Hochzeit. Eigentlich hat sich nichts verändert, und doch ist alles anders.

»Was ist noch mal genau jetzt anders?«

»Keine Ahnung ...«

Mit 20 wird man noch für Dinge gelobt, die mit 30 alle von dir erwarten. Du hast einen Job, du zahlst Steuern, du hast eine Idee, wo dein Leben hingehen soll. Mit 30 kann man erahnen, dass mit 40 abgerechnet wird. Was hast du erreicht, was hast du gemacht aus deinem Leben?

Die Vierunddreißigjährige hatte sich gerade von ihrem Freund getrennt. Jetzt noch mal jemanden kennenlernen, zwei Jahre ausprobieren, dann schwanger werden, kann gut und gerne auch noch mal ein Jahr dauern, dann wird's

aber auch schon höchste Eisenbahn. Die Zeit vergeht so schnell. Die bunten Getränke in unseren Händen schmeckten ein kleines bisschen bitter. 30, sagten wir, fühlt sich irgendwie nach Druck an ... und der war früher nicht ...
»Noch 'n Drink?«
»Unbedingt.«
»Musst du morgen nicht raus?«
»Doch, aber scheißegal, wir sind nur einmal jung!«

35
And here's to you, Mrs. Robinson
oder
Die kleinen Fehler unserer Stars

Ich bin zu alt für mein Stammcafé.

Neulich sitze ich an dem Tresen, an dem ich seit meinem 16. Lebensjahr sitze, und bestelle Wein. Ich trinke erst seit kurzem Wein. Wein war für mich früher so was wie Golf zum Trinken. Etwas für alte Leute. Leute, die erst wichtig die Nase ins Glas halten, dann lange einen kleinen Schluck im Mund spazieren führen, sich zwischen spucken und schlucken entscheiden, und dann bestellen. Ein kleines Glas, womöglich.

Ich hab natürlich auch schon mal mit 16 einen Wein getrunken, aber immer mit ironischer Distanz und weil Wein lustige Namen hatte. »Schwaigener Heuchelberg«. Wenn man das sehr ernst sagte, war es sehr lustig! Geschmeckt hat er natürlich nicht. Die Erwachsenen sagten: »In deinem Alter mochte ich auch keinen Wein. Das kommt noch!« Die Erwachsenen fanden aber auch, dass Udo Jürgens gute Musik macht und dass man Übergangsjacken braucht. Die Erwachsenen waren erwachsen, also langweilig und hatten keine Ahnung. Jetzt habe ich plötzlich Wein zu Hause. Unterschiedliche Sorten. Graubugunder. Weißburgunder. Riesling. Und er schmeckt mir.

Ich finde sogar, dass Wein jetzt zu mir passt. Wein ist nicht so prollig wie Bier, keine Ansage wie Schnaps und nicht so tussig wie Aperol Spritz. Gemütlich und entspannt sieht das aus, wenn Menschen Weingläser halten. Ich mag das Bild.

Während ich also in meinem Stammcafé Wein wegnippe, stelle ich fest, dass ich damit die Einzige bin. Weil die anderen nach wie vor alle 16 sind. Die anderen trinken deswegen auch Bier, Tequila oder Wodka. Das war schon damals cool. Vor allem Bier aus der Flasche trinken, als Mädchen! Irgendwer war da immer beeindruckt oder entsetzt. Jetzt fände ich das unpassend.

Ich fühle mich wie die Frau, die vor 15 Jahren hier am Tresen in ihrem Stammcafé saß, als ich eine von den 16-Jährigen war. Sie war damals über 50 und trug immer Miniröcke, die für großes Aufsehen sorgten. Einer nannte sie Mrs. Robinson, nach der älteren Frau aus »Reifeprüfung«, die versucht, den jungen Dustin Hoffman zu verführen. Wenn sie ins Lokal kam, hieß es: »Die hält sich wohl noch für 20 ... Unmöglich, wie man so rumlaufen kann!«

Die Frau tat mir leid, und nie wollte ich so eine werden. Eine, die den Knall nicht gehört hat. Den Knall hören, wissen, wann's nicht mehr fetzt, das war total wichtig, damals. Jetzt, beim Wein, ertappe ich mich bei dem Gedanken, ob die Klamotten morgen wohl nach Rauch stinken werden. Ich stelle mir vor, wie der Rauch durch die Klamotten wabert, dann langsam in die Haut kriecht und sich überall festsetzt.

Fand man früher doch immer doof, so Leute, die, noch während der Abend gut war, über verrauchte Klamotten am nächsten Morgen redeten.

Ich sehe unwillkürlich an mir runter. Der Rock. Geht der

noch? Oder gab's, als ich den gekauft habe, den Knall, den ich aber nicht gehört habe? Ist das so einer von denen, in denen mich Paparazzi fotografieren würden, wenn ich prominent genug wäre? Bilder für die Fotostrecke »Die kleinen Fehler unserer Stars«, weil dieser Rock ideale Aussicht auf die kleinen Dellen in den Oberschenkeln bietet. Hab ich Dellen in den Oberschenkeln? Nur wenn ich blöd sitze und sich das Beinfleisch ungünstig nach oben schiebt? Oder jetzt auch schon im Stehen, oder was? Auch so Fragen, die man sich früher nie gestellt hat.

Demnächst sag ich wahrscheinlich Sätze wie: »Nee, weniger essen reicht nicht mehr, wenn ich abnehmen will, ich muss mich jetzt tatsächlich auch noch bewegen!« Der weibliche Körper ist die Rache Gottes an der Frau, weil Eva sich im Paradies nicht so astrein verhalten hat. Vielleicht übertreibe ich, denke ich, an der alten Theke mit dem neuen Wein. Vielleicht aber war ich hier, an dieser Theke mit sechzehn, auf meinem eigentlichen Höhepunkt und wusste nichts davon. Und jetzt bin ich nur wenige Gläser Wein entfernt, mir eine beige Übergangsjacke zu kaufen und eine *Best of Udo Jürgens*.

Es ist so ungerecht! Frauen haben so ein schmales Fenster zwischen »noch nicht« und »nicht mehr«, also, zum Beispiel zwischen dem Moment, wo einem feste Brüste wachsen, aber man noch nicht so recht weiß, warum, und dem Zeitpunkt, wo man sie gezielt und sinnvoll einsetzen könnte, die Dinger aber schon wieder aufhören, fest zu sein.

Ich habe jetzt Falten, die nicht mehr weggehen, wenn ich aufhöre zu lachen oder ausgeschlafen bin. Ich habe die Hauptfalte Veronica Ferres genannt, damit sie gleich mal weiß, was ich von ihr halte. Sie geht trotzdem nicht mehr weg. Sie ist immer da. Wie Veronica Ferres. Wobei die ja super aussieht für ihr Alter. Sport, viel Wasser und ein Cremchen haben es bei ihr angeblich gerichtet. Ja, nee, is klar.

Ich verbrauche mehr Wasser als ein Kraftwerk und hatte schon sämtliche Faltencremes im Gesicht, teilweise übereinander. Ich weiß, was man damit erreichen kann und was nicht. Da müsste die Frau Ferres schon eine Haut haben, die nicht aus Haut besteht. Ich glaube, die Ferres hat was machen lassen. Das ist meine neue Obsession.

Ich kann keine Zeitschrift mehr lesen und nicht mehr fernsehen, ohne mir und anderen diese Frage zu stellen: Glaubste, die hat was machen lassen? Neulich sprach Michelle Obama im Fernsehen über Hunger in der Welt oder irgendwas Ähnliches, ich hab nicht zugehört, denn ich dachte: Hat die was machen lassen? Ob die wohl Botox nimmt, die Michelle?

Heute noch gegen Botox zu sein ist eigentlich so wie Ende der 2000er gegen Handys zu sein. Man wirkt sonderlich. In Maskenbildnerkreisen erfährt man, dass Iris Berben und Senta Berger was haben machen lassen, wobei man einhellig der Meinung ist, dass es bei Frau Berger besser gemacht ist als bei Frau Berben. Bei manchen sieht man es ja auch direkt, ich will keine Namen nennen, aber dass Eva Habermann auf natürlichem Wege schlagartig die Oberlippe explodiert ist, halte ich für unwahrscheinlich.

Es interessiert mich nur, weil ich mich frage, ob ich auch irgendwann was machen lassen würde. Unter 30 war die Antwort relativ einfach: Nein, niemals, auf gar keinen Fall! Da will man noch in Würde altern, das gelebte Leben soll sich ruhig im Gesicht spiegeln, man will irgendwann auch so eine süße Oma werden, wie man sie immer in den Werbungen für Zeug für die dritten Zähne sieht. Gelassen und hübsch, trotz Falten.

Jetzt stelle ich fest, dass es ja diesen verdammt langen Zeitraum gibt, in dem man nicht mehr jung ist, aber auch noch nicht reif für die Süße-Oma-Rolle.

Mein schlimmster Albtraum sind Sätze, die vor dem Fernseher in Wohnzimmern gesagt werden: »Mein Gott, jetzt isse aber alt geworden ...!« Das hab ich auch schon gesagt, zuletzt über Sabine Christiansen, das sagt man bei uns zu Hause halt so und vermutlich überall. Es schüttelt mich, wenn ich daran denke, dass das jemand über mich sagen könnte.

Von der jungen Redakteurin eines Klatschmaganzins hörte ich neulich: »Wenn wir bei uns schlecht drauf sind, gucken wir uns die unretuschierten *Playboy*-Fotos von Simone Thomalla an!« Keine gute Vorstellung, auf diese Art und Weise zum Trost für jüngere Frauen zu werden ...

Freunde aus dem Gewerbe winken jetzt schon weise ab: »Warte noch fünf Jahre, dann haust du dir alles ins Gesicht, weil sonst nämlich 'ne Eule deine Jobs macht, die zehn Jahre jünger ist als du.«

Verdammt! Würde ich deswegen was machen lassen? Und dann quasi zur Jan-Ullrich-Entschuldigung greifen, dass man es gegen seinen Willen machen musste, weil alle anderen es ja auch machen und man sonst gar keine Chance hat? Ist Botox das weibliche Epo? Glaube ich irgendwann doch, dass die Frau vorrangig körperlich zu glänzen hat?

Die meisten Frauen, die dieselben Abschlüsse haben wie Männer und genauso hart arbeiten, glauben, dass das Frausein keine Rolle spielt. Dass dem nicht so ist, merkst du, wenn dir irgendeine Hackfresse mit 30 Kilo Übergewicht ohne Haare auf dem Kopf, aber dafür in der Nase, sagt: »Sie sehen aber im Fernsehen auch besser aus.«

Natürlich weiß ich, dass es von Vorteil für die Auftragslage ist, wenn der Auftraggeber einen scharf findet. Aber bisher war das einfach. Konnten die ja gerne finden, und ich musste nichts dafür tun. Wenn ich mir jetzt Lippen oder Brüste und Botox kaufen muss, dann sieht die Sache anders aus, und wenn man da einmal anfängt, dann hört das Elend ja nicht mehr auf, und irgendwann lässt man sich die Knie liften. Frag Demi Moore. Das funktioniert, solange du erfolgreich oder mit Ashton Kutcher zusammen bist. Dann beneiden dich alle. Aber am 50. Geburtstag, ohne Ashton Kutcher, verachtet dich die ganze Welt, weil du nicht den Mut hattest, das mit dem Altern in Würde zumindest zu versuchen. Ab da heißt es Rehab, Alkohol, Depression. Liest man ja immer in den einschlägigen Heften, neben der Fotostrecke mit den »kleinen Fehlern unserer Stars«.

Ich sitze in meinem Stammcafé an dem Tresen, an dem ich sitze, seit ich 16 bin. Ich krempel den Saum von meinem Rock um, so dass er jetzt eher wirkt wie ein breiter Gürtel, ich lasse meinen Wein stehen und bestelle einen Wodka. Ohne Eis. Ich trinke ihn ex auf Mrs. Robinson. Sollen die 16-Jährigen doch komisch gucken.

36
Das Googeln von Knubbeln
oder
Scheitern an Selbstdiagnosen

Das Internet ist die Pest. Jetzt kann man Krankheiten googeln. Für die Gesundheit ist Google das, was die Lehman-Brothers für die Finanzen waren: ein Hort aller Ängste, ein Auslöser für höchste Unsicherheit. Manchmal sehe ich mir nach einer Diagnose, die ich mir selbst gestellt habe, Bilder im Internet an, um abzugleichen, ob ich richtigliege. Das Raucherbein sah auf den Bildern allerdings so schrecklich aus, dass ich beschloss, mir doch nur den Zeh angeschlagen zu haben, und auch meine Sorge, Nagelpilz zu haben, konnte ich dank sehr vieler unappetitlicher Bilder fix ausräumen.

Dabei bin ich überhaupt nicht panisch, wenn es um Krankheiten geht, ich bin quasi das Gegenteil von einem Hypochonder. Ich ignoriere Krankheiten ähnlich hartnäckig wie der Vatikan die Evolution.

Es soll ja Menschen geben, die bei Rückenschmerzen direkt den Tumor vermuten, und bei Stechen im Arm vorsorglich in die Notaufnahme fahren, falls der Herzinfarkt kommt. Ich male mir dagegen aus, wie ruhig ich reagiere, wenn ich die Diagnose Krebs bekomme. Ich übe es quasi schon mal im Kopf.

»Es tut uns leid, Sie haben Krebs.«
»Wie lange habe ich noch?«
»Das können wir nicht genau sagen.«
»Gut, danke. Ich muss dann mal los.«
In meinem Kopf bin ich völlig unbeeindruckt und gefasst. Natürlich aus einer Wunschvorstellung heraus oder weil ich es mal in einem Film gesehen habe und es da ganz cool gespielt war. Es beruhigt mich, mir vorzustellen, angesichts einer schweren Krankheit ganz ruhig zu bleiben. Wäre doch toll, wenn man nicht zu denen gehörte, die vor Angst den Tod beschleunigen, sondern zu denen, die das Gefühl haben, dass es jetzt gilt, und die nur noch das machen, worauf sie ihr ganzes Leben immer schon Lust hatten. Ob das überhaupt geht? Keine Ahnung ...

Dann hatte ich plötzlich etwas. Einen komischen Knubbel in der rechten Achsel. Groß, schmerzhaft und beunruhigend, weil nur rechts. Ich komme aus einem tablettenfreien Haushalt (Aspirin zählt nicht), zum Arzt geht man nur im Notfall, und was ist schon ein Notfall? Was von selbst kommt, geht auch von selbst wieder. Einige meiner Familienmitglieder würden, selbst wenn sie blau anliefen und 45 Grad Fieber hätten, einfach still Wadenwickel machen und einen Kamillentee. John Rambo könnte mein Onkel sein. Tatsächlich ist es schon vorgekommen, dass Teile meiner Familie stundenlang halb ohnmächtig auf dem Kloboden lagen, aber nicht um Hilfe riefen, weil sie keinem zur Last fallen wollten.

Da kommt einem Google ganz gelegen. Da kann man unauffällig nachsehen. In meinem Fall: »Großer Knubbel geschwollen Achselhöhle«. Das war meine Eintrittskarte in die Hölle, in die dunkle Seite des Internets. Ich kam schnell zu dem Schluss, dass es sich um meine Lymphdrüse handelte. Die kannte ich bisher nur am Hals, wegen unzähliger Mandelentzündungen, jetzt erfuhr ich von Lymphdrüsen in den Achselhöhlen. Weiter googeln.

»Lymphdrüse Achsel geschwollen«.

Die ersten 15 Suchergebnisse spuckten übereinstimmend Brustkrebs aus. Jetzt war es also so weit! Mein Film in der Wirklichkeit, nicht mehr nur im Kopf. Ich wollte doch ruhig bleiben, gelassen bleiben. Und jetzt: Panik! Ich wollte doch im Fall des Falles das Leben genießen, stattdessen hatte ich nur Fragen im Kopf: Mussten sie mir die Brust abnehmen, wie weit hatten die Metastasen gestreut, musste nur eine Seite ab, weil nur einseitig geschwollen? Würde ich noch Zeit haben, Abschiedsbriefe zu schreiben? Sollte ich vielleicht vorher doch noch zum Arzt?

Ja, befand ich, Brustkrebs und mein bevorstehender Tod wären ein Notfall, der einen Arztbesuch rechtfertigt. Unter Tränen und völlig aufgelöst, stand ich also etwas später vor der Sprechstundenhilfe meines Hausarztes. Man heult ja nicht so gerne in der Öffentlichkeit, aber hier ging es um Leben und Tod, wo öffentliche Tränen schon mal erlaubt sind. Ich kam auch sofort dran. Der Arzt untersuchte kurz und routiniert die linke und rechte Achselhöhle und sagte nach einer echten Ewigkeit, die ich am Abgrund verbrachte: »Alles in Ordnung, entzündete Schweißdrüse, völlig ungefährlich!«

Ich wollte Google spontan auf Schmerzensgeld verklagen. Vorher würde ich aber doch noch nachgucken, was es mit einer entzündeten Schweißdrüse auf sich hat. »Gut, danke«, sagte ich zu meinem Hausarzt, »ich muss dann mal los.«

37
Ich liebe es

Ich bin jetzt seit ein paar Jahren clean. Ich lese keine Frauenzeitschriften mehr. Früher war ich fast mal Heftchenjunkie. Einstiegsdroge war das *Minnie-Maus*-Heft mit sechs, dann kam die *Bravo*. Irgendwann war ich auf *Cosmopolitan*, *freundin*, *Petra* und *Brigitte*. Jetzt bin ich komplett weg von dem Zeug. Selbst in Wartezimmern, wo der Stoff ja kostenlos rumliegt, hab ich mich mittlerweile im Griff und bringe mir ein Buch mit. Es ist so wie der Versuch, sich gesund zu ernähren. Das goldene M leuchtet dir den Weg, der Cheeseburger ist immer nur eine Mc-Drive-Länge entfernt, aber man sagt sich: Nein, ich möchte diesen Scheiß nicht in mich reinstopfen, ich hab doch bestimmt noch eine Möhre im Handschuhfach ...

Vor kurzem hatte ich dann allerdings ein Frauenproblem, das ich eigentlich lange nicht mehr hatte: Der Schrank war bumsvoll mit nichts zum Anziehen. Die Hose war aus der letzten Saison und fiel unten komisch auf die Schuhe, den Bund hat man jetzt drei Zentimeter höher, und überhaupt geht so was gar nicht mehr. Die Blusen hatten nicht diese putzigen Puffschultern, die Blusen jetzt brauchen, nichts passte zusammen, und vor allem passte mir das alles nicht. Der Spiegel zeigte mir ein furchtbares Outfit nach dem anderen. Die Kehrseite der Zalando-Werbung, eine Mischung aus Schreien, Heulen, Verzweiflung und der Frage: Warum hab ich das hässliche Zeug gekauft, das ich offensichtlich nicht anziehen kann?

Da ich eigentlich kein Problem mit Klamotten habe, weil ich einfach immer anziehe, was oben, vorne oder zerknittert an der Seite liegt, bin ich die totale Null in Modesachen. Es interessiert mich einfach nicht. Ich trage auch keinen Schmuck und keine Gürtel, weil ich sämtliches Gebamsel für überflüssig halte. Für mich bedeutet sich anzuziehen hauptsächlich, nicht nackt auf die Straße zu müssen.

Seit ich denken kann, finde ich es beschämend, wenn ich sehe, dass sich jemand ganz viele Gedanken zum Outfit gemacht hat. Selbst wenn die Frau sensationell aussieht, ist es für mich merkwürdig, dass sie sich offensichtlich stundenlang zurechtgemacht hat. Sie will so unbedingt gefallen, und ich denke, wie schlimm es für sie sein muss, wenn sie nicht gefällt. Jeder Psychologe bescheinigt mir vermutlich einen mittelschweren Sockenschuss! Vielleicht hab ich auch was am Laufen mit dieser Innere-Werte-Nummer, aber wenn ich jemandem mit meinen Klamotten gefalle, kann ich ziemlich sicher sein, dass er mich wirklich gut findet. Wer sich jetzt fragt, warum ich jemals nach was ausgesehen habe und warum es davon Fotos im Internet gibt: Ich habe eine tolle Stylistin, die mich anzieht und anmalt.

Natürlich hatte ich auch schon Phasen, in denen ich mich wahnsinnig gerne für Mode interessiert hätte. Wenn ich gutangezogene Frauen sehe, bin ich hochmotiviert, das Beste aus mir und meinem Kleiderschrank zu holen. Weil ich es mir nämlich auch wert bin.

Gutangezogene Frauen wirken ja auch immer so, als fühlten sie sich gut. Look good, feel good. Sie sehen häufiger ihre Schuhe an als ihren Gesprächspartner, sie fahren sich durch die Haare und gedankenverloren mit der Hand über den hinteren Oberschenkel. Die Fassade, die angezogene Selbstsicherheit, kann nur durch eine andere Frau kurz bröckeln, wenn der Verdacht besteht, die andere könnte vielleicht das bessere Gesamtkunstwerk sein. Es sind Bruchteile von Sekunden, wahrscheinlich nur für Frauen wahrnehmbar, in denen die Augen kurz flackern und ein schneller Von-oben-bis-unten-Check durchgeführt wird. Egal, wie das Urteil ausfällt, jede dieser Frauen dreht sich dann weg und tut so, als hätte sie nichts gesehen, ein Blick auf die eigenen Schuhe: alles gut.

Jedenfalls hatte ich also plötzlich diesen schweren Anfall von Mädchenhaftigkeit und das Problem, dass ich wirklich NICHTS anzuziehen hatte. Zumindest wusste ich nicht, wie ich den vorhandenen Quatsch kombinieren konnte. Ich brauchte Inspiration. Und so wurde ich rückfällig. Nach Jahren der Abstinenz ging ich zu meinem Dealer im Kiosk, und schon lagen auf dem Tischchen, auf dem ich sonst kluge Bücher für Besucher drapiere, drei Magazine. Tatsächlich hatten die drei Zeitschriften zusammen 80 Seiten Mode, die mich allerdings nicht weiterbrachten, weil die Klamotten ja nur an mageren Mädchen im Heft hingen und nicht in meinem Schrank. Ansonsten ging es um »Bauch weg – Fitness, Fashion, Food«, »Test: Wie gut ist Ihr Sex?«, »Strahlend schön – die neuen Make-up-Trends«. In den anderen Heften stand: »Nackt super aussehen«, »Trend-Update Fashion: alle Top Looks«, »Ich will mich verlieben – so gelingt's garantiert!« und »Sex, aber bloß nicht im Bett – 41 heiße Tipps!«

Ich möchte betonen, dass ich die gesamte Bandbreite von Frauenzeitschriften hatte: Von *jolie* bis *Women's Health*. Die Sex-Tipps gingen dann übrigens so: Sex auf dem Küchentisch, Sex am Badezimmerwaschbecken, im Türrahmen oder – jetzt kommt der ganz heiße Tipp – Sex auf dem Balkon: »Legen Sie die Luftmatratze nach draußen, machen Sie erst ein kleines Picknick unterm Sternenhimmel und kommen Sie dann einander näher.«

Das Schlimmste ist: Ich hab natürlich wieder alles gelesen.

Anschließend ging es mir so wie nach einem Big Mac mit einem Doppel-Whopper plus Pommes und einer großen Cola. Man möchte kotzen. Der Kater nach Rückfälligkeit ist ja immer besonders schlimm.

Ich habe jetzt die *Geo* und die *Auto Motor Sport*. Ich hoffe, das ist quasi Methadon zum Lesen.

38
Ach du lieber Hamster.
Scheitern an Gott.

Ich habe nicht gelernt, wie man glaubt. Familienbedingt. Glaube war wie Weihnachten eine Tradition, mit der man es nicht so genau nahm. Statt Kirche lieber gleich Würstchen mit Kartoffelsalat, statt Weihnachtsgeschichte lieber Weihnachtsgeschenke.

Ich war im Religionsunterricht, weil's auf dem Stundenplan stand. Entsprechend wurde ich konfirmiert, habe aber die Geldgeschenke der Verwandten als das größte Geschenk Gottes betrachtet.

Gott war wie Opa. Man hatte ihn, man machte sich aber keine Gedanken, wo er herkam, was er wollte, wie man mit ihm umging. Er war da, wenn man ihn brauchte. Um Unerklärliches zu erklären (Warum ist nicht auch im Winter Sommer?) und um zu trösten: Als ich sieben war, starb Steffi, mein Hamster.

Bei der Aussicht, ein Haustier zu bekommen, werden Kinder zu Politikern und versprechen alles. Das Blaue vom Himmel und vom Meer. Sie werden Verantwortung übernehmen, sagen Kinder und Politiker. Eltern und Wähler wissen, dass das nicht stimmt, aber sie glauben ihnen trotzdem. Oder sie wollen, dass das Betteln um Stimmen und Haustiere endlich vorbei ist!

Hamster und Wahlversprechen erleiden deshalb oft dasselbe Schicksal: Sie werden einfach vergessen. Steffi ging es deshalb wie den Rentnern, von denen man in der Zeitung liest, dass sie in der Anonymität der Großstadt tagelang tot in ihrer Wohnung liegen, bis sie zufällig entdeckt werden. Auch Steffi wurde so gefunden, von meinen Eltern, die als Grund für den strengen Geruch in meinem Zimmer zunächst ein verschimmeltes Pausenbrot vermuteten, bis sie sich zum Hamsterkäfig vorgearbeitet hatten.

Irgendwann vermisste ich Steffi und glaubte, sie sei auf mysteriöse Weise aus dem Käfig entflohen. Ich suchte die Wohnung ab. Da lag sie aber schon 48 Stunden vergraben im Garten. Als ich das mitbekam und begriff, was es hieß, wollte ich für den Rest meines Lebens mit einem Pappschild um den Hals vor der Tür stehen: »Schlimmste Hamsterrabenmutter der Welt!«

Unter den Stachelbeeren im Garten war ein kleines Kreuz aus Ästen. Wir beteten. »Vater unser im Himmel … Amen.« Ich habe meine Eltern angefleht, Steffi noch einmal auszubuddeln. Einmal noch wollte ich sie sehen und mich verabschieden. Aber es war zu spät. Mein Opa ließ mich wissen, dass sie im Himmel war und es ihr dort gutging, weil der liebe Gott jetzt auf Steffi aufpasste. Es klang, als könne der das besser als ich.

Ein Jahr später verabschiedete sich dann Opa selbst. Wochenlang kamen Menschen mit traurigen Gesichtern aus seinem Schlafzimmer. Der Letzte, der aus Opas Schlafzimmer kam, war Opa selbst. Im Sarg. Er war der Todesanzeigenklassiker: nach langer und schwerer Krankheit. Und wieder die Geschichte mit dem Himmel und Gott und dass es auch Opa dort besserging. Im Himmel musste er nicht mehr leiden, und er hatte doch so gelitten.

Ich fühlte mich wie durchlöchert. Nie wieder Opa, weg, für immer. Egal, was gesagt wurde – dass er nicht mehr da war, fühlte sich schlimmer an, als zu vermuten, dass auch er jetzt bei Gott und im Himmel war. Viele verheulte Augen stimmten mir zu. Ich ahnte, dass keiner der Erwachsenen das Himmelsversprechen wirklich glaubte. Sie glaubten es so, wie sie mir geglaubt hatten, dass ich immer gut auf Steffi aufpassen würde. Trotzdem frage ich mich tatsächlich bis heute manchmal, ob sie wirklich da oben sind, Gott, Opa und Steffi, und ob sie uns vielleicht nicht doch vom Himmel aus sehen können, und komme mir dabei ziemlich kindisch vor.

Denn bis heute habe ich eine Kinderreligion, einen selbstgebastelten Wellness-Gott. Statt »Malen nach Zahlen« einfach »Beten nach Laune«. Mit der Bibel hat der Wellness-Gott nicht viel zu tun, was daran liegt, dass ich die Bibel – wie die meisten – nicht wirklich kenne. Ja, ich hab den Film zum Buch gesehen, zu Ostern im ZDF, und ich kenne das Best Of: Ein paar der Zehn Gebote, die es auch ins Bürgerliche Gesetzbuch geschafft haben (Stehlen, Töten und das Weib des Nächsten begehren wird nicht so gern gesehen), Jesus, der aus Wasser, über das er gehen konnte, auch noch Wein machte. Aus Brot machte er noch mehr Brot, und er konnte Tote erwecken, aber nicht alle, sondern nur ausgewählte. Im Alten Testament soll Abraham seinen Sohn abstechen, um zu beweisen, dass er fromm ist, und Hiob kriegt eine schlechte Botschaft nach der anderen (Frau weg, Kinder weg, Job weg, Haus weg), um zu gucken, wie gläubig er wirklich ist, weil Gott mit dem Teufel eine Wette am Laufen hat. »Damals« ging's echt noch ab, trotzdem nicht sehr sympathisch, wenn man drüber nachdenkt.

Andererseits ist dieser Bibel-Kirchen-Gott natürlich enorm hilfreich: gut, falsch. Dieses machen, jenes lassen! Es macht vieles einfacher, wenn man's hin und wieder auf jemand anderen schieben kann. Gott in seiner unendlichen Weisheit wollte es so. Die Wege des Herrn sind unergründlich. Selbstverantwortlich zu sein nervt ja schnell.

Wenn man zum Beispiel das zarte Pflänzchen einer neu beginnenden Beziehung zu sehr oder gar nicht gegossen hat, ist es einfacher, zu sagen: »Gott hat es nicht gewollt, es sollte nicht sein«, statt: »Vielleicht hätte ich weniger zickig sein sollen.«

Aber wenn man sich wirklich mit dem alten Gott und der alten Kirche beschäftigen will, wird es schnell anstrengend. Kurz hinter den Zehn Geboten wird Eltern nahegelegt, Kinder, die nicht parieren, vor der Stadt zu steinigen, und wenige Zeilen unter dem Tipp »Du sollst nicht töten« steht, für wen das nicht gilt und wer alles noch umgebracht gehört. Ist das mein Gott? Katholiken, ist das euer Ernst, dass ihr glaubt, Brot und Wein beim Abendmahl verwandeln sich in das Fleisch und das Blut Jesu? Glaubt ihr wirklich, dass Maria noch Jungfrau war und dass wir alle eines Tages wiederauferstehen? Auch mit unserem Körper? Und sogar Steffi? Protestanten, glaubt ihr wirklich, dass Gott für uns alle einen Plan hat?

Für mich hat Gott oft eigentlich keine andere Funktion als beispielsweise ein Tagebuch. An schlechten Tagen schreibt man was rein, und an guten Tagen will man die Zeit lieber sinnvoller nutzen. Schwer vorstellbar, dass sich bis vor wenigen Jahren nebenan in Irland Katholiken und Protestanten noch gegenseitig umgebracht haben oder dass der Krieg auf dem Balkan ja eben auch zwischen Moslems und Christen ausgetragen wurde.

Weil die alten Religionen so anstrengend und tödlich sind, gibt es jetzt reichlich Ersatzreligionen. Das ist mittlerweile ein eigener Markt, auf dem Suchende eigentlich immer fündig werden. Ganz populär sind Seminare, die sofortige Besserung versprechen. In meinem Bekanntenkreis kommen jetzt etliche zurück aus dem Yoga-Retreat auf Teneriffa und berichten von ganz neuem Körpergefühl, innerer Ruhe und erweitertem Bewusstsein. Ich weiß nicht, was die in meiner Yoga-Bude falsch machen, aber außer leichtem Muskelkater konnte ich bisher keine positiven Effekte feststellen.

Oder Neuro-Linguistisches Programmieren. War eine Zeitlang das Ding. Gerne auch in Dänemark. Eine Woche in Hütten, mit Menschen, die ebenfalls den Wunsch haben, sich zu resetten. NLP ist das Versprechen, schlicht neu programmiert zu werden. Wie bei Computern auch, hat aber jedes Programm Fehler, selbst wenn es nagelneu ist. Anders kann ich mir nicht erklären, dass mir so eine frisch erleuchtete NLP-Trulla vor die Füße warf, meine Schuhe sähen scheiße aus. Woraufhin ich fragend feststellte, dass meine Schuhe doch immer noch meine und nicht ihre Angelegenheit seien, NLP hin oder her. Ich erfuhr im Gegenzug von den vier Seiten einer Nachricht und wurde gebeten, mich für meine verletzende Aussage zu entschuldigen, weil das Problem nicht der Absender der Nachricht sei, sondern immer der Adressat, in diesem Fall also ich. NLP schien mir damit auch kein guter Weg ...

Oder das Ayurveda-Fieber. Mit dem öligen Kopf geht es los, dann kocht man nur noch mit Kurkuma. Die Sätze zum Ayurveda sind zum Beispiel: »Ich habe zu viel Feuer in mir, deswegen bin ich auch immer so wütend.« Im Kochkurs lernt man dann, dass man nicht mehr scharf essen darf, weil das innerliche Feuer sonst zusätzlich entfacht wird. Ayurveda hat im Gegensatz zu einer richtigen Religion den Vorteil, dass sich das auch nur so zwei, drei Wochen im Jahr in Indien machen lässt, wenn sich im ansonsten randvollen Terminkalender gerade eine Lücke auftut, wo man das mal ausprobieren kann mit der inneren Ruhe …

Meditation ist auch hip, Karten legen, Engel befragen, und eine Prise Buddhismus. Man glaubt wieder an den Mondkalender und an die Sterne sowieso. Ich finde ja, dass alles erlaubt ist, was hilft. Wenn einer jeden Tag einen Liter Essig trinkt und sich deshalb bestens fühlt oder das zumindest glaubt – wer sollte dagegen was haben? Aber es ist schon merkwürdig: Vor ein paar Jahren machte man sich noch über Madonna lustig, die sich alle paar Wochen »neu erfand« und fließend vom Kruzifix zur Kabbala überging.

Mittlerweile, hab ich den Eindruck, sind wir alle ein bisschen Madonna. Jede Woche eine andere Weisheit. Bei einem Waldspaziergang begegneten mir neulich zwei junge Frauen. Die eine sagte: »Was für ein schöner Baum, hier muss ich mal kurz meditieren«, und setzte sich unter den Baum. Die andere stand daneben und sah der Freundin dabei zu, wie sie versuchte, mit ihrer Umwelt in Einklang zu kommen. Auch ich blieb stehen und dachte ganz altmodisch: Ach du lieber Gott …!

39
Auf geht's, dahin geht's, im Himmel gibt's Zigarren

Oma hatte Demenz. Demenz ist scheiße. Und lustig. Zum Beispiel als Oma nach und nach Einzelteile ihres Audi 100 verlor. Ein Auto so groß wie ein Kreuzfahrtschiff, weswegen sie mit zunehmendem Alter überall hängen blieb: an anderen Autos, an Bäumen, Hausecken und Einkaufswagen. Das Auto durfte aber nicht verkauft werden, weil Opa gesagt hatte, dass auf die Kiste auf jeden Fall 400 000 Kilometer drauf gefahren werden.

Bei 320 000 ist er gestorben, aber Oma wollte es für Opa durchziehen bis zum Ende. Das Nummernschild hatte sie mit Paketband befestigt, und der Außenspiegel hing nur dank einer leeren Haribo-Goldbären-Packung noch in der Halterung, die sie zwischen Verkleidung und Spiegel gestopft hatte. Das Auto war peinlich, vor allem mir, wenn ich hin und wieder damit zur Schule fahren durfte. Während alle anderen ihre Polos und Golfs in erster Reihe vor der Schule parkten, versteckte ich den Audi immer auf dem Parkplatz hinter der Turnhalle, um nicht in diesem Auto gesehen zu werden.

Für die Rückbank hatte Oma Decken gehäkelt, sie hatte

Fußabtreter genäht, und über die Vordersitze waren Fellimitate gespannt. Der Wagen sah aus, als hätte ihn die Kelly Family als Tourbus genutzt.

Oma ließ nie etwas am Auto reparieren. Wahrscheinlich vergaß sie es. Zwischendurch kam es ihr aber doch merkwürdig vor, dass der Wagen so viele Beulen hatte. Da sie sich nicht erinnern konnte, etwas damit zu tun zu haben, rief sie eine Zeitlang jede Woche bei mir an: »Katrin, isch net schlimm, dass dir des bassiert isch, aber du musch jetzt ehrlich sei, sonschd muss i d'Polizei anrufen!«

Einmal in der Woche musste ich mir also überlegen, wie ich meine eigene Oma davon abhalten konnte, mir die Polizei auf den Hals zu hetzen: »Oma, da bist du doch neulich aus der Garage gefahren und hast vergessen, das Tor aufzumachen ...«

»I? Nee. Des wüsst i doch ...«

Irgendwann konnte sie kein Glas mehr von einer Zimmerpflanze unterscheiden. Ich merkte es erst, als ich ihr ein Blümchen schenkte und sie zehn Minuten später versuchte, aus dem Topf zu trinken. Sie merkte es erst, als sie den Mund voller Erde hatte. Ich musste sehr lachen. Ja, eigentlich muss man das schlimm und tragisch finden, weil es das auch ist. Aber vom ganzen schlimm und tragisch Finden dreht man irgendwann durch, und es sah wirklich sehr lustig aus.

Die Oma war eine tolle Oma, eine fast immer lachende, lustige Oma. »Auf geht's, dahin geht's, im Himmel gibt's Zigarren«, sagte sie, wenn wir irgendwo hinwollten und ich nicht schnell genug war. Die Kurzfassung hieß: »Auf, hopp, los!«

Wenn man die Oma besuchte, hörte man sie schon im

Wohnzimmer schreien: »Jajaja, a alte Frau isch doch koi D-Zug!« Dann riss sie nach einer Ewigkeit schwungvoll die Haustür auf, und noch bevor man selbst hallo sagen konnte, sagte sie: »Na, was denn? Was stehsch denn hier noch vor der Tür? Auf, hopp, rein, willsch was essa? Willsch was trinka? Willsch nix, gut, bleibt mehr für mich!«

So war sie auch, wenn man wildfremde Menschen mitbrachte, die sie noch nie gesehen hatte. Sie wollte nie wissen, wer da ins Haus kam. Für jeden galt gleichermaßen: Auf, hopp, rein. Herzlich willkommen, hieß das, aber ohne herzlich willkommen.

Bei Oma musste man nie die Schuhe ausziehen, weil die Wohnung genauso aussah wie ihr Auto. Im Wohnzimmer lagen immer drei Teppiche übereinander, und die Oma rannte sogar mit erdvermatschten Gummistiefeln direkt vom Garten durchs Wohnzimmer. »I leb doch hier! Wenn d'r Teppich dreckig isch, kommt der naus, und drunter isch ja sauber!« Das hat mir als Kind total eingeleuchtet, und weil man wegen all der Teppiche auf dem Boden, den Fellen auf der Couch und den Schonbezügen aller Art nie auf etwas aufpassen musste, war's als Kind bei Oma immer besonders super!

Oma war immer anders. Sie redete im Wartezimmer beim Arzt aus Prinzip lauter als nötig: »So, Mädle, dann sag mol, wie's heut in d'r Schule war!« Ich wusste schon als Kind, dass man in Wartezimmern flüstert, und antwortete ganz leise: »In der Schule haben wir …«, da schrie die Oma schon dazwischen: »Versteh dich net, red doch normal!«

Ich flüsterte zurück: »Sind doch aber alle ganz leise …«, und sie schrie wieder: »Desch mir doch egal, wenn die net normal schwätzat. Steht doch nirgends, dass ma hier net normal schwätza darf!« Es war so peinlich für mich. Die anderen Wartenden linsten verdruckst hinter der *Frau im Spiegel* vor und räusperten sich deutlich, um auf das ungeschriebene Gesetz des Wartezimmers aufmerksam zu machen. Hat nie funktioniert, nie hat sie sich an diese Regel gehalten.

Wenn in der Nachbarschaft zu lange gefeiert wurde, war meine Oma nie auf Seiten derer, die die Polizei riefen, sondern unterstützte immer die, die Lärm machten. »Sollet die Leut doch feira, lass se doch Spaß haba, wie oft kommt's denn vor? Wenn's oimal später wird ... ja mein Gott!«

Sie war bestimmt zehn Jahre dement, hat erst meinen Geburtstag, dann meinen Namen und irgendwann mich vergessen. Jedes Mal bricht es dir das Herz, und jedes Mal verabschiedete sich die Oma ein Stückchen mehr. Irgendwann hatte meine Oma nichts mehr mit meiner Oma zu tun. Am liebsten spielte sie am Ende mit einem Wollknäuel oder Fäden. Abrollen und wieder aufrollen.

Eigentlich war sie weg, aber trotzdem immer da. Deshalb dachte ich, dass mich ihr Tod nach so vielen Abschieden nicht umhauen würde. Aber als mein Vater anrief und sagte, dass die Oma, die drei Oberschenkelbrüche und eine Lungenentzündung weggesteckt hatte, die Nacht nicht überleben würde, war's doch anders. Die letzten zehn Jahre, das, was von der Oma übriggeblieben war, war unwichtig. Mir fielen nur Geschichten von der Oma ein, die sie einmal gewesen war. Die Oma, die an meinem Bett saß, wenn ich Angst vor Einbrechern hatte. »Aber draußa regnet's doch ... Eibrecher gangat doch bei so'm Scheißwetter gar net naus, die werrat doch sonscht klatschnass!«

Die Oma, von der man alles haben konnte. »Solang mir des Geld hen, kriegsch du alles, und wenn mir kois mehr hen, dann sagen mir's dir.«

Ich wollte nie dabei sein, wenn jemand stirbt, und ich hatte Angst vor dem Moment, wenn das Leben einen Menschen verlässt, den man geliebt hat. Ich fuhr trotzdem hin zur Oma. Ich stand an ihrem Bett und hörte, wie sie sich mit jedem Atemzug quälte, so dass das Ausatmen immer wie ein seufzendes »Jaaaa« klang. Sie war nicht mehr ansprechbar und vollgepumpt mit Morphium, aber ich dachte, dass ein Teil von ihr schon noch mitbekommt, was man ihr sagt: »Danke für alles, Oma, auf geht's, dahin geht's, im Himmel gibt's Zigarren.«

Am Ende hat sie in drei Minuten dreimal geatmet, dann war sie weg. Ein stiller, trauriger Abschied und gleichzeitig ein schöner Moment. Der Tod, der das Leben so zauberhaft erscheinen lässt. Ich hielt ihre Hand, die Kämpfe waren vorbei, endlich Frieden. Ich habe so lange gegen meine Familie gekämpft, dagegen, so zu werden, wie ich erzogen wurde, gegen Einschränkungen und Stimmen im Kopf. Am Sterbebett hab ich angefangen, meinen Frieden zu machen und stolz zu sein auf die Oma in mir. Auf, hopp, los!

40
Jonas 21

Mein Bruder war ein Wunschkind. Von mir.

Meine Eltern wussten nichts von meinem Bruder. Sie hielten mich für ein glückliches Einzelkind, einen Sonnenschein. Sie haben Fotos, die das beweisen. Es gibt, zwischen meinem ersten und zehnten Lebensjahr, kein Foto, auf dem ich mich nicht kaputtfreue oder übertrieben winke und kreische wie ein zu junges Groupie von Justin Bieber.

Ein fröhliches Einzelkind war ich, nach außen. Innerlich sah es manchmal anders aus. Aber ich war ein Kind, dessen berufliche Zukunft, aus heutiger Sicht, bei den Medien liegen musste, denn ich habe kurzerhand einige Fakten des Lebens »kreativ interpretiert«, soll heißen, ich hatte das, was wohlmeinende Tanten als blühende Phantasie bezeichnen. Es war intuitive Kind-PR, die denselben Zweck hatte wie hochbezahlte Erwachsenen-PR: Aufmerksamkeit zu bekommen, mehr Freunde oder mehr »likes«, wie das heute heißt, wenn man beides miteinander verbindet. So kam es zu meinem Bruder.

Schon in der ersten Klasse wurde mir klar, dass es im Kampf um Aufmerksamkeit ein eindeutiger Wettbewerbsnachteil ist, Einzelkind zu sein. Man hatte keine Geschichten von blöden großen Schwestern und dummen kleinen Brüdern, und das machte einen spürbar uninteressanter als die Geschwisterkinder. Einzelkind war fast ein Schimpfwort. Bei Einzelkind passierte etwas im Gesicht von Eltern, die mehrere Kinder in die Welt gesetzt hatten, und ebenso bei den Kindern dieser Eltern.

»Ah ... Einzelkind«, sagten sie, leicht misstrauisch. Einzelkind klang verdächtig. Als müsse irgendetwas an diesem Kind die Eltern davon abgehalten haben, eine solche Erfahrung noch mal machen zu wollen. In allen Schul- und Kinderbüchern bestanden Familien aus Vater, Mutter und zwei Kindern. In keiner Fruchtzwerge-Werbung gab es ein Einzelkind. Einzelkind klang nach irgendwas zwischen leicht gestört und schwer verwöhnt.

Die Frage nach Geschwistern ist bis heute sehr beliebt:

»Hast du Geschwister, Katrin?«

»Nee, Einzelkind. Wieso?«

»Hätte ich nicht gedacht, du wirkst gar nicht so verwöhnt.«

Bin ich auch nicht. Ich übe seit dem Kleinkindalter, nicht wie ein verwöhntes Einzelkind zu wirken. Mir war jedenfalls relativ schnell klar, dass man Geschwister brauchte, wenn man dazugehören wollte. Geschwister wussten, wie es ist, wenn einem büschelweise Haare fehlten, wenn man mit Holzschwertern eins drauf bekam und man um sein Stück Kuchen und die Liebe der Eltern kämpfen musste. Mein Umfeld spiegelte mir, dass das besser war, als ein garantiertes eigenes Stück Kuchen mit eingebautem Recht auf Nachschlag zu haben oder gar ein eigenes Zimmer, in dem man nicht ständig auf die Playmobil-Figuren des kleineren Bruders latschte.

Die wichtige erste Lektion des Lebens war, so schien es, dass das Leben kein Zuckerschlecken ist, und nur wer Geschwister hatte, konnte einen lebenden Beweis vorzeigen, diese Lektion gelernt zu haben. Deswegen bekam ich Jonas.

Jonas war mein Bruder. Er war, ähnlich wie die Massenvernichtungswaffen von Saddam Hussein, komplett erfunden, aber eben aus einer ähnlich zwingenden inneren Logik. George Bush und ich logen nicht einfach grundlos. Aber wir waren beide ziemlich stolz auf unsere Geschichten.

Jonas kam völlig aus dem Nichts. Mein Bruder war noch ganz, ganz klein, nämlich erst ein halbes Jahr, er kam zur Welt, als ich in die erste Klasse ging. Ungefähr. Ich hatte es bis dahin einfach vergessen zu erwähnen, das war alles. Über Jonas gab's auch einfach noch nicht so viel zu erzählen, der konnte ja eigentlich noch nix. Er war eben jetzt da. Wie ich das fand, dass meine Eltern noch mal ein Kind bekommen hatten, so spät, wo ich doch schon zur Schule ging? Joa, das war irgendwie cool und gleichzeitig total nervig. Geschwister halt, ihr kennt das ja.

Für mich lief alles super. Auf dem Schulhof gab es große Augen, denn keiner hatte einen Baby-Bruder, was mich maximal superbesonders machte. Geschwister, die drei Jahre jünger oder vier Jahre älter waren, hatte im Grunde jeder. Mein Bruder aber war sieben Jahre jünger. Das war maximal gut!

Ähnlich wie George Bush hielt ich meine Geschichte für wasserdicht und unangreifbar und mich für großartig. (Kinder halten sich ja oft für großartig, deswegen muss man auch Herbert Grönemeyer widersprechen, der vor Jahren mal den Kindern das Kommando geben wollte. Kinder sollten nicht das Kommando haben. Kindern kann man nicht trauen. Ich weiß, wovon ich rede.)

Ich hatte etliche derartig großartige Geistesblitze. Ich wollte einen Tunnel zur Schule graben, damit man da hinrutschen kann, wie die Gummibärenbande. Oder ein bewohnbares Baumhaus, mit Dusche, Klo und Küche. Bedenken von Erwachsenen fand ich total unlogisch. Was sollte daran nicht gehen? Da legt man halt Wasser den Baum hoch. Da buddelte man hier im Garten los und kam irgendwann an der Schule raus, was bitte war daran so schwierig? Ich hatte es doch jetzt mehrmals erklärt, wie ich mit meiner Kinderschaufel gedachte vorzugehen.

Mein Schultunnel wurde mein Stuttgart 21. Auch er scheiterte am Veto der schwäbischen Bevölkerung (= meiner Eltern). Mein Baumhaus kam auch nicht durch den Bewilligungsausschuss (= meine Eltern). Jonas dagegen scheiterte an Frau Bruckhaus. Ich wollte Kristin Bruckhaus zur Schule abholen, ihre Mutter öffnete die Tür.

»Katrin, ich hab gehört, du hast einen Bruder?« Da fand ich Kristin erst mal voll blöd. Das war eine Kindergeschichte, gemacht für den Schulhof, und die doofe Kuh hatte bei ihrer Mutter gepetzt.

»Ja, Jonas!«, sagte ich tapfer und erzählte noch mal meine komplette Bruder-Geschichte. Ich plapperte vor mich hin, bis Frau Bruckhaus irgendwann sagte: »Du hast gar keinen Bruder, ich sehe deine Mutter jeden Tag zur Arbeit gehen, und schwanger war sie nicht!«

Das hatte ich nicht bedacht! Meine Mutter hätte schwanger gewesen sein müssen! Dass diese Mutti hier meine Mutti kannte und sie auch noch jeden Tag sah, damit konnte aber nun wirklich keiner rechnen. Und diese Mutti hier – die ich eh nie leiden konnte, weil sie so dick war und unfreundlich aussah, während ihre Kinder alle dünn waren, was ich irgendwie komisch fand –, diese Mutti forderte jetzt eine Entschuldigung von mir, weil ich gelogen hatte. Und lügen darf man nicht. Ich sagte also brav »Entschuldigung«, verstand aber nicht, warum.

Ich hatte ja gar nicht richtig gelogen, ich hatte einen Bruder erfunden, weil ich keinen hatte. Ich hatte keine echten Geschwister, was wiederholt gegen mich verwendet wurde, aber erfinden durfte ich mir auch keine! Wie soll man mit sieben den schmalen Grat zwischen Lüge und Phantasie erkennen, wenn Jahre später eben auch der amerikanische Präsident damit so seine Schwierigkeiten hat? Aber das konnte Frau Bruckhaus damals noch nicht wissen.

Ich fand, sie war trotzdem eine Spielverderberin. Mein Bruder hätte doch niemandem geschadet, und ich hätte ihn gut gebrauchen können. Als ich meiner Mutter abends die Geschichte erzählte, staunte sie nicht schlecht. Aber sie bestrafte mich nicht. Stattdessen versicherte sie mir, dass ich Einzelkind bleiben würde. Das war Strafe genug.

41
Frau werden –
Was uns keiner gesagt hat

Ich wusste zwar mit fünf, dass Kinder nicht vom Storch kommen, sondern von Mama und Papa, wusste aber nicht, wo der Unterschied ist. Ich habe als Kind über Meg Ryans Orgasmusszene bei *Harry und Sally* gelacht, ohne zu wissen, was ein Orgasmus ist.

Dass eine Frau sich in der Öffentlichkeit komisch benahm, reichte, um mich zu amüsieren. Vielleicht liegt hier die Wurzel für meine Berufswahl oder meine Vorstellung, dass eine Frau auch lustig sein kann, ohne sich erotisch zu verrenken.

Ich gehöre zu einer Generation, bei der in puncto Aufklärung jeder der Zuständigen dachte, der andere macht's. Die Eltern schoben es auf die Lehrer, die Lehrer schoben es auf die älteren Mitschüler, und die schoben es auf Heftchen und Hörensagen. Deswegen ereignen sich noch heute Szenen, bei denen Frauen um Mitte 30, mit insgesamt sieben Abschlüssen in irgendwas, empört fragen: »Wusstest du, dass man am letzten Tag der Periode schwanger werden kann?« Allgemeine Unsicherheit, es wird erst mal gegoogelt. Es sind dieselben Frauen, die einem, ohne mit der Wimper zu zucken, den Unterschied zwischen Festgeld, Tagesgeld, Leitzins und Libor erklären können. Wir sind die Generation Prä-Youporn, von der aber alle denken, sie wüsste Bescheid.

Mein Aufklärungsunterricht in Bio sah so aus: Der Lehrer kam mit einem diebischen Grinsen und fünf Kondomen durch die Tür und verteilte sie wortlos und scheinbar willkürlich auf den Tischen. »Für die, von denen ich denke, sie können die am ehesten brauchen. Sind abgelaufen, beschwert euch nicht bei mir, wenn ihr einen dicken Bauch kriegt!« Riesengekicher.

Den Rest der Zeit hat er Folien auf den Tageslichtprojektor gelegt. Das hatte man damals. Er zeigte uns Zeichnungen von Geschlechtsteilen, die er angemalt hatte wie »Malen nach Zahlen«. Es sah aus wie die Übersichtskarte der Londoner U-Bahn. Was er uns damit sagen wollte, weiß ich nicht mehr. Ich weiß nur, dass ich beim ersten echten Penis, den ich sah, dachte, der wär kaputt, weil er nicht aussah wie auf diesen Folien.

Das war meine Aufklärung. Sonst beschränkte sie sich auf Witze.

»Muddi, was soll ich denn bei der Hochzeit anziehen?«
»Die Knie!«

Als meine Mutter und die Mütter meiner Freundinnen erfuhren, dass man einen Freund hatte, oder sie merkten, dass wir öfter von Jungs redeten als noch ein Jahr zuvor, wurde einfach ein Termin beim Frauenarzt ausgemacht. »Dann wird's jetzt Zeit für die Pille!« Das war's. Alles andere war DIY!

Kondome abschlecken, um rauszufinden, ob die tatsächlich nach Erdbeere schmecken, und Partys, die sich hinterher als Pornopartys rausstellten, bei denen nur gekichert wurde oder die man maximal blöd und eklig fand.

Beim Frauwerden an sich wussten wir früh Bescheid. Stefanie hatte schon mit zehn Riesenbrüste, wofür sie zwar nichts konnte, was man aber doch auch ein wenig unanständig von ihr fand. Dazu passte, dass Stefanie sich, drei Jahre später, Gerüchten zufolge, bei einem Zeltwochenende besoffen von den anwesenden Jungs ein Würstchen in den Hintern stecken ließ. Wir hatten alle geahnt, was das für eine war, die Stefanie! (Ich hab irgendwie den Kontakt verloren, aber wenn alles so ging, wie es so geht auf dem Land, dann hat Stefanie einen von den Würstchenjungs geheiratet und jetzt mindestens zwei Kinder, die aktuell grad auf einem Zeltwochenende sind.)

Jedenfalls wusste ich, dank Stefanie, was in Bezug auf Brüste passieren würde. Dachte ich. Dann kam der Sommerurlaub. Ich war 13 und trug quasi durchgehend eine lachsfarbene Radlerhose, weil man lachsfarbene Radlerhosen damals nicht als Kinderschändung betrachtete, sondern als Mode, selbst mit einem gestickten Schriftzug an den Außenseiten in Silber. Passend zur Hose gab es ein lachsfarbenes T-Shirt zum Zuknöpfen. Allerdings weigerte ich mich, das T-Shirt zu tragen. Meine Eltern und die Freunde meiner Eltern diskutierten lange, ob man mich noch oben ohne lassen konnte. Ich verstand die Diskussion nicht und setzte mich durch, was Strandfotos beweisen. Ich bin auf diesen Fotos vorne so flach wie Holland, nur lachsfarbener, aber am Urlaubsende nahm meine Mutter mich trotzdem beiseite und sagte: »Katrin, das war jetzt der letzte Urlaub ohne T-Shirt!« Ein Satz für die Ewigkeit. Ich fand ihn schrecklich und ungerecht. Ich musste »oben was anziehen«, mein Ferienfreund Björn nicht. Ich habe es tatsächlich nicht verstanden: »Aber der Björn darf doch auch ohne T-Shirt!«

Nach dem Urlaub wurde meine Oma beauftragt, mit mir zu Triumph zu fahren und mir Bustiers zu kaufen. Wobei das ein ungerechtfertigt eleganter Name ist für einen Gummizug mit Stoff dran. Die Dinger waren ohne Körbchen, aber trotzdem Größe A. Ich habe drei bekommen, in Helllila mit einem Blümchengummizug. Mit diesen Tops durfte ich noch in den nächsten Urlaub, bevor auch das vorbei war und ich echte Oberteile tragen musste und die Kindheit damit endgültig zu Ende ging.

Sarah hatte mit zehn ihre Periode bekommen und war so was wie der Klassen-Doktor-Sommer, die uns alle Fragen zu den »Tagen« beantwortete. Was Sarah erzählte, war schrecklich. Dass es weh tat, dass man fast eine Woche lang nicht anziehen konnte, was man wollte, und dass es total ekelhaft war, überall Blut. Keiner wollte das haben.

Es war für mich wie Latein. Ich sah nicht ein, wofür ich das später mal brauchen würde. Ich wollte eh keine Kinder. Ich wollte, anstelle des ganzen Unterleibsquatsches, lieber ein paar Ersatzlungen, um entspannt weiterrauchen zu können. Sarah fühlte sich auch nicht als Frau, sondern eher als hätte sie eine Behinderung. Es war insgesamt nicht einzusehen, wofür das gut sein sollte. Barbie hatte das auch nicht. Genauso wenig wie Claudia Schiffer, da waren wir uns alle ziemlich sicher. Menstruation war kein Werbespot fürs Frausein.

Konnten wir nicht später Frauen werden? Bei uns waren die Letzten die Ersten, je später man seine »Tage« bekam, umso besser, und ich war so spät dran, dass selbst meine Familie irgendwann ungeduldig wurde: wann denn endlich?

Es war nach dem Geburtstag meines Onkels an einem Sonntagabend, als ich mir grade den Schlafanzug anziehen wollte. Ich schrie »Sie sind da«, meine Eltern riefen »Endlich ...!«, und wir stießen an. Mit Fanta. Fest!

Dieses Frauwerden war ein bisschen wie berühmt werden: Leute interessierten sich plötzlich für einen, die einen vorher größtenteils ignoriert hatten. Jungs zum Beispiel ... Eine Phase, der manche damit begegneten, dass sie wieder Mädchen wurden und sich das Zimmer mit Stofftieren vollstopften. Es wurden Herzen auf Hausaufgabenhefte gemalt, und man konnte auf dem Handy einen Dienst anwählen, der einem anhand der Buchstaben der Vornamen sagte, ob man zusammenpasste ...

Dann die Frage: Binden oder Tampons. Weil Elif erzählt hatte, dass man sich mit Tampons selbst entjungfern könnte, wollten alle Binden. Aber nur eine Periode lang, dann hatten alle Mitleid mit Elif, die Türkin war und die ausschließlich Binden benutzen durfte, und stiegen auf Tampons um. Bei mir war das easy. Meine Mutter hatte mir aufgeschrieben, was ich kaufen sollte, und gab mir dann eine Telefonberatung vom Büro aus.

Ich kenne aber auch Geschichten, bei denen auf dem Boden gelegen wurde, in der Hocke gesessen oder man akrobatische Verrenkungen unternahm, weil keine so genau wusste, wie's geht. Christiane legte den Boden öffentlicher Toiletten mit Klopapier aus, um mit dem Tampon klarzukommen. »Jetzt bist du eine Frau« fand ich aber trotzdem einen komischen Satz. Blut und Krämpfe konnten doch nicht die entscheidenden Kriterien sein. Zur echten Frau wurde man doch irgendwie anders. Durch Küssen zum Beispiel ...

42
Kaputt –
Scheitern am Küssen

Tom war eine Klasse über mir, und wie zu allen Zeiten war es ziemlich cool, einen Freund zu haben, der in einer höheren Klasse war. Maximale Anerkennung. Als wir uns beim Aalener Frühlingsfest zum ersten Mal küssten, im Wald, abseits der anderen, war das echt ein Schock.

Ich hatte mir nie Gedanken übers Küssen gemacht, ich dachte, dass es eben einfach irgendwann passiert. Und dann rammten seine Zähne gegen meine. Die ganze Zeit. Wir checkten unsere Gebisse. Hatte einer von uns beiden Zähne, mit denen man nicht küssen konnte? Gab's ja vielleicht. Vielleicht waren die kaputt, Küssen funktionierte vielleicht nicht bei jedem, wussten wir nicht so genau, konnte aber sein. Wir konnten nichts Ungewöhnliches feststellen. Wir probierten es wieder. Wieder waren Zähne im Weg. Definitiv zu viele Zähne, überall Zähne. Weil Tom älter war als ich und es nicht sein erster Kuss war, war relativ schnell klar, dass es an mir liegen musste, bei ihm hatte es schließlich schon funktioniert. Also sagte er: Deine Zähne sind zu weit vorne!

Es war meine Schuld, und ich hatte keine Ahnung, was

man machen konnte, wenn man die Zähne zu weit vorne hatte. Wo sollte man die hintun?

Ich heulte auf dem gesamten Nachhauseweg. Ich würde nie küssen können, Zähne zu weit vorne. War weder meinen Eltern noch irgendwem sonst aufgefallen, dass man mit meinen Zähnen womöglich später nicht richtig würde küssen können? Das hätten die mir doch sagen müssen. Und was dagegen tun!

Ich wollte danach mit allen Familienmitgliedern knutschen, zur Not gegen Taschengeld. Ich musste das üben, jemand musste mir sagen, ob's kaputt war oder ob ich nur etwas falsch machte. Ich habe niemanden getroffen, der mir helfen konnte – allerdings auch nie wieder jemanden, der sich über meine Zähne beschwert hat.

43
Kinderkriegen –
Was uns keiner gesagt hat

Ich habe mit 16 einen Deal mit meiner Freundin Susan gemacht: Wir würden beide unsere ersten Kinder mit 27 bekommen beziehungsweise 28, denn Susan war ein Jahr älter. Wir fanden das praktisch: gleichzeitig babysitten, über Kotze reden und Pekip. Musste man da wenigstens nicht alleine durch und war nicht auf andere Muttis angewiesen, mit denen man ja oft nicht mehr gemeinsam hat, als Mutti zu sein.

Jetzt bin ich 31 und kinderlos. Natürlich hatte ich nie vor, mich an einen derartigen Deal zu halten, ich fand nur die Vorstellung lustig. Meine besten Freunde sind, damals wie heute, ohnehin der festen Überzeugung, dass ein Kind bei mir ein Unfall werden muss, denn wenn man mich was planen lässt, wird's nie was. (Diese im Grunde vollkommen falsche Einschätzung basiert auf zwei Urlauben, drei Umzügen und einigen Geburtstagsfeiern, die ich geplant habe. Ich kann aber alles erklären.) In Wirklichkeit hab ich einfach einen Heidenschiss, so!

Ich würde Kinder gerne so kriegen wie in den Schwarzweißfilmen der fünfziger Jahre. Die schwangere Frau ist gut frisiert, greift sich irgendwann in die Magengegend und sagt: »Ich glaube, es geht los!« Dann setzt Musik ein. Schnitt. Man sieht den Vater im Krankenhausflur rauchen, und anschließend liegen Mutter und Kind gut frisiert im Bett und strahlen. So war das früher. Heute ist alles in Farbe und viel schlimmer.

Über Geburten und Kriege wird in unserer Gesellschaft wenig geredet. Wahrscheinlich weil beides blutige Angelegenheiten sind. Lange glaubte ich meiner Mutter, die hartnäckig behauptete, eine Geburt sei zwar ziemlich schmerzhaft, aber man vergesse alle Schmerzen, wenn man das Kind erst mal im Arm halte. Das klang irgendwie gut, nach garantiertem Happy End.

Als die ersten Freundinnen Kinder bekamen, hörte sich alles ganz anders an. Auf einmal wurden Kinder in der Hocke bekommen, ohne Kontrolle über Schließmuskeln. Von angepinkelten Ärzten hörte ich und wollte ab da eigentlich gar nichts mehr hören. Es war, als kämen gute Freunde von einem Traumstrand, auf den man selbst nun schon lange hinspart, um dann zu erzählen, das Meer dort sei voller Quallen, Touristen würden regelmäßig ermordet, und die Einheimischen seien schlimmer als Holländer. Plötzlich hat man keine Lust mehr und will am liebsten zu Hause bleiben …

Junge Mütter haben mir glaubhaft versichert, ein Trauma zu haben, weil die Torturen bei der Geburt so unfassbar waren, dass sie dachten, sie schafften es nicht. »Erst wehrst du dich gegen den Schmerz, dann musst du ihn mitnehmen, weil du sonst nichts mehr hast.« Werbung fürs Kinderkriegen klingt anders.

Und: »Egal, was deine Mutter dir erzählt hat, wenn das Kind da ist, ist gar nichts gut. Schon mal an die Nachgeburt gedacht?« Das heißt, wenn man denkt, man ist fertig, fängt alles noch mal von vorne an. Ich erfahre, dass nach der Geburt der sogenannte Wochenfluss einsetzt, was bedeutet, dass man einfach sehr stark seine Tage hat, oder um es mit dem Satz einer Freundin zu sagen: »Ich dachte, ich verblute!« Sonst noch was? Ja, für den Fall, dass man genäht werden muss, ist alleine der Gedanke, aufs Klo zu müssen, ein Gedanke, den man nicht denken will.

Es gab auch Fälle von »… und dann konnte ich das Kind noch nicht mal leiden! Wir waren uns auf Anhieb unsympathisch!« Oder: »Und dann hörte sie nicht mehr auf zu schreien, und ich dachte, das bleibt jetzt die nächsten Jahre so.« Bei der einen oder anderen Frau wurden wohl einfach die Hormone nicht geliefert, die normalerweise alles dufte erscheinen lassen.

Und wir haben noch nicht darüber gesprochen, was mit dem Mann passiert, der sich das Rauchen auf dem Flur heute gar nicht mehr leisten kann, sondern gesellschaftlich dienstverpflichtet wird, das ganze Elend live im Kreißsaal mitzumachen. Frage an die Menschheit: Was soll das? Frage an die Natur: Warum gibt's da nicht längst was Besseres?

Wollt ihr mich alle verarschen? Man kann mittlerweile Schweinelebern in Menschen transplantieren, man kann Tofu so zubereiten, dass es schmeckt wie Fleisch, alte Männer schlucken eine kleine Pille und haben stundenlange Erektionen, aber bei der Geburt läuft alles wie vor tausend Jahren? Ich möchte mich beschweren. Auch bei dir, Mutti. Es ist eine Sache, das eigene Kind bei der Existenz des Weihnachtsmanns anzulügen, aber eine völlig andere, bei der Geburtsfrage so schamlos nicht die Wahrheit zu sagen. Aber selber schuld. Jetzt kannst du noch eine ganze Weile auf Enkel warten …

44
Mein Name ist nicht Bond – Scheitern am Scheitern

Auf dem Flyer steht: »Die Heldenreise – Storytelling«! Jeder kann ein Held sein, man muss nur die richtige Geschichte erzählen. In Zeiten der Selbstoptimierung klingt das Versprechen ganz einfach. Auch in mir steckt angeblich ein Barack Obama, der erfolgreichste Geschichtenerzähler unserer Zeit.

Ich sitze in einem Tagesworkshop. Es geht darum, wie man Geschichten erzählt, auch seine eigene. Ich erfahre, dass so ziemlich jeder erfolgreiche Film nach dem immer selben Muster aufgebaut ist. James Bond bekommt eine Aufgabe, macht sich auf die Reise, trifft auf Widersacher und muss Hindernisse aller Art überwinden. Er erleidet Tiefschläge und kommt zu dem Punkt, an dem man denkt: Scheiße, das schafft er nicht, da kommt er nie wieder raus. Aber der James kämpft, gibt nicht auf und siegt am Ende. Dann schließt sich der Kreis, und er kommt zum Ausgangspunkt zurück. Gereift, gestärkt, gefeiert. Beim Verlassen des Kinosaals knirscht das Popcorn noch unter den Füßen. Guter Abend, guter Film, Happy End!

So, sagt der Workshop, kann auch mein Leben sein.

Meine Aufgabe ist es, meinen Lebenslauf in diese Vorlage zu packen, und, bums, bin ich auch ein Held. Es geht weniger darum, ob ich tatsächlich erfolgreich bin, ich muss einfach nur die richtige Geschichte erzählen. Ein Prinzip, das nach FDP klingt, nach Dschungelkönig und TSG Hoffenheim. Aber klar, wer will nicht gerne erfolgreich sein? Wer nicht gerne ein Held?

Leider fand ich es dann doch irgendwie dämlich, mein Leben nach Vorlage zu pimpen. Ich finde ja schon Autos tunen doof. Man sollte doch das Auto haben, an dem es nichts mehr zu pimpen gibt. Kann ja auch ein Toyota Yaris sein, solange man nicht das Gefühl hat, der wäre nicht ausreichend.

Außerdem ist Erfolg immer erst hinterher. 110 von 120 Minuten scheitert auch James Bond! Kann also sein, dass ich grade nur eine schlechte Phase habe, aber schon auf dem Weg zum Happy End bin.

Hat sich Thomas Alva Edison eher wie ein Held gefühlt oder eher wie ein Versager, weil er 9000 Glühdrähte ausprobiert hat, bis es Licht wurde? Spencer Silver gilt als Erfinder der Post it's. Sein größter Erfolg ist eigentlich der gescheiterte Versuch, einen Superkleber zu erfinden. Da kann man auch mit Auge zudrücken nun nicht von knapp verfehltem Ziel sprechen. Herr Goodyear ließ aus Versehen eine Mischung aus Kautschuk und Schwefel auf einen heißen Ofen tropfen und bemerkte am nächsten Tag, dass der Schwefel den Kautschuk vulkanisiert hatte. Gummi konnte seitdem hart oder weich sein. Er gründete ein Weltunternehmen, das seinen Namen trug. Maximal erfolgreich, und trotzdem starb er 1860 einsam und mittellos, vermutlich mit dem Gefühl, gescheitert zu sein.

Rodriguez, Sänger und zentrale Figur der Doku *Sear-*

ching for Sugarman, lebte in ärmsten Verhältnissen, weil er in den USA fünf Platten verkaufte, in Südafrika aber mehr als Elvis. Wusste er aber nicht. Wie hätte sein Leben ausgesehen, hätte ihm das einfach mal schnell jemand getwittert? Ist er gescheitert, oder ist er erfolgreich?

Ich kenne Menschen, die null glücklich mit ihrem Leben sind und trotzdem sagen, dass sie alles erreicht haben, weil sie Karriere gemacht, ein Kind bekommen und ein Haus gebaut haben. Sind sie erfolgreich, weil sie Haken hinter erstrebte Meilensteine machen konnten, oder wären sie viel erfolgreicher, weil glücklicher, wenn sie genau das nicht getan hätten?

Ist Scheitern erst wirklich Scheitern, wenn man maximal gescheitert ist, und wer legt das fest? Scheitere ich an mir, an meinen Zielen oder eher in den Augen der anderen, der Friends, Follower und Verkaufszahlen?

Ich scheitere vorwiegend auf niedrigem Niveau. Warum habe ich das Gefühl, ich wäre deshalb schon wieder gescheitert? Nicht mal richtig scheitern kann ich. Scheitern am Scheitern. Müsste ich einfach noch besser sein im Scheitern? Zumindest besser als die anderen?

Kein Wunder, dass ich so denke. Eine Studie verglich im letzten Jahr die Toleranz für Fehler in 61 Ländern. Deutschland landete dabei auf dem vorletzten Platz. Mittlerweile gibt es eine Menge Untersuchungen zum Thema. Bei uns gibt es mittlerweile sogar die FailCon, eine Messe nach amerikanischem Vorbild, auf der gescheiterte Unternehmer über ihre Fehler sprechen, damit anderen das Scheitern erspart bleibt.

Die Wissenschaft ist sich übrigens einig: Am besten verkraftet man Niederlagen, wenn es einem gelingt, die negativen Gedanken schnell abzustellen und nicht zu lange über

Fehler zu grübeln. Fehler zugeben, aber sein Glück nicht ans Richtigmachen zu knüpfen, das ist das Rezept. Sagt die Wissenschaft. Scheitern mit Humor zu sehen oder ihm etwas Positives abzugewinnen. So wie ich es mit diesem Buch versucht habe. Ich hoffe, daran bin ich nicht auch wieder gescheitert ...

45
Interview mit mir

Ich: Katrin, auf einer Skala von eins bis Katja Riemann, wie zickig bist du?
Katrin: Ich bin nicht zickig. Ich hab nur klare Vorstellungen von bestimmten Sachen, die sich manchmal von den Vorstellungen der anderen unterscheiden. Wie ein Interview anfängt zum Beispiel. Ich finde, man kommt nicht mit einer provokanten Frage rein, das ist unhöflich ...
Ich: Sorry ...
Katrin: Sorry finde ich auch ein schreckliches Wort. Was spricht gegen Entschuldigung?
Ich: Zicke!
Lachen
Ich: Sollen wir noch mal anfangen? ... Hast du Humor?
Katrin: Ja, aber ich hätte gern noch mehr. Ich würde gerne gute Grimassen können, wie Jim Carrey, einer meiner Helden ...
Ich: Jim Carrey? Reden wir von dem Jim Carrey aus *Ace Ventura*, *Mr. Poppers Pinguine* und ... und *Ace Ventura II*?!?
Katrin: Ja. Aber mal auf YouTube seine ersten Stand-up-Programme gesehen? Das ist sensationell!

Ich: Gibt's noch andere Vorbilder?

Katrin: Klar, alle genauso peinlich. Ich wollte eine Zeitlang mal in einem Blümchenkleid genauso gut aussehen wie Gwen Stefani, so als wäre man mit einem tiefroten Lippenstift geboren. Dann wollte ich ein Weilchen bei Roxette sein, oder wenigstens eine Frisur haben wie Marie. Ich wollte auch schon mal Audrey Hepburn werden, oder eben wieder zumindest die Frisur haben. Ich hab mir den Pony auf halbe Stirnlänge frisieren lassen und abends meinen Vater gefragt: »Wie findest du eigentlich meine neue Frisur? Ich will nämlich so aussehen wie Audrey Hepburn ...« Daraufhin hat er mich kurz angeguckt und gesagt: »Äh ... ja ... dann hat die besser ausgesehen ...«

Ich: Gwen Stefani, Roxette und Audrey Hepburn ... Donnerwetter ...

Katrin: Moment, zu Abizeiten wollte ich werden wie Goethe. Der hatte einfach für jeden komplizierten Gedanken, den man selbst hatte, den passenden Einzeiler ... Ich lese bis heute manchmal bei dem nach, was ich sagen wollte, wenn es mir mal wieder nicht gelingt, mich auf den Punkt zu bringen ... Und ich bin Max-Frisch-Groupie. Total. Ich kenne niemanden, der wegen einzelner Sätze von ihm so ausrasten kann wie ich. »Unsere verhältnismäßige Treue war die Angst vor der Niederlage mit jedem anderen Partner.« Knaller, oder?

Ich: Ich bin beruhigt, ich dachte schon ... –

Katrin: Heidi Klum find' ich aber auch gut.

Ich: Ach komm, du warst doch jetzt gerade auf einem guten Weg, und jetzt kommst du mit Heidi Klum ...

Katrin: Ich finde super, dass die einfach durchzieht und dabei immer eisenhart gute Laune hat. Obwohl ihr jemand bei 58 Grad im Schatten einen Schuh an den Fuß nagelt, der drei Nummern zu klein ist, ihr Mann grad abgehauen ist, die Kinder zur Schule müssen und sie parallel auf Deutsch und Englisch zwei Sendungen moderiert. Ihr Tagesprogramm passt bei mir in einen Monat, und die ist trotzdem immer gut drauf ...

Ich: Weißt du, wer sonst noch Heidi Klum gut findet?

Katrin: Lass mich raten: Keiner über sechzehn, der schon mal ein Buch von innen gesehen hat?

Ich: Richtig ...

Katrin: Ich könnte noch Angela Merkel anbieten. Finde ich ähnlich gut wie die Klum, einfach auch, weil die ein mörderisches Programm durchzieht, nur eben ohne die gute Laune, die Kinder, die Schuhe und den verlassenen Mann ...

Ich: Wie verträgt sich diese Liste mit deinem Kulturtanten-Image?

Katrin: Ich bin in vielem überraschend einfach. Ich esse bei McDonald's und kann danach ziemlich laut rülpsen, worauf ich ein bisschen stolz bin, weil ich das sehr lange geübt habe. Ein guter Partyabend fängt bei mir mit Britney Spears' »Toxic« an und endet mit Katy Perry, »I kissed a girl«. Dazwischen Disco Pogo. Alles total unironisch.

Ich: Was schreckt mehr ab, Kultur oder Kriminalität?

Katrin: Natürlich Kultur ... Kriminalität finden alle spannend. Wenn die *Kulturzeit*, *Aspekte* oder *Bauerfeind* gegen *Aktenzeichen xy* laufen, gewinnt natürlich *Aktenzeichen*. Kultur hat keine Chance. Auch nicht gegen *Berlin Tag & Nacht*, *Lafer, Lichter, lecker*, *Schwiegertochter gesucht* oder die Wiederholung von VfL Bochum gegen Greuther Fürth ...

Ich: Frustriert?

Katrin: Klar. Deswegen ja auch das Buch ...

Ich: Keine Angst, dass alle sagen: »Muss die jetzt auch noch schreiben?!«

Katrin: Klar. Deswegen trinke ich ja jetzt. Regelmäßig. Wein.

Ich: Wie viel von der Katrin aus dem Buch ist die Katrin aus dem Leben?

Katrin: Weißte doch selbst. Halbe-halbe, ungefähr. Die bessere Hälfte. Das, was erfunden ist, hab ich erfunden, damit es wahrer wird ...

Ich: Keine Angst, dass Eltern, Freunde und Verwandte nach dem Buch nicht mehr mit dir reden?

Katrin: Doch sehr. Deswegen trinke ich jetzt auch.

Ich: Wenn du die Wahl hättest zwischen Sexsymbol, Werbe-Ikone oder *Wetten dass ...?!*-Moderatorin, wofür würdest du dich entscheiden?

Katrin: *Wetten dass ...?!*

Ich: Keine Angst, dass dann alle ... –

Katrin *(unterbricht):* Doch, klar ... ich hab immer Angst ... aber es gibt immer den Moment, in dem man springen muss ...

Ich: Hat der *Playboy* schon mal angefragt?

Katrin: Nein.

Ich: Sauer?

Katrin: Ich würd's eh nicht machen ... wahrscheinlich ... Kann ich noch 'n Milchkaffee?

Ich: Keine Angst, dass du dich zu einseitig ernährst?

Katrin: Doch, aber eine rauchen wir noch.